俄罗斯联邦
行政诉讼法典

黄道秀 译

2016年·北京

图书在版编目(CIP)数据

俄罗斯联邦行政诉讼法典/黄道秀译.—北京:商务印书馆,2016
ISBN 978-7-100-12628-1

Ⅰ.①俄… Ⅱ.①黄… Ⅲ.①行政诉讼法—研究—俄罗斯 Ⅳ.①D951.253

中国版本图书馆 CIP 数据核字(2016)第 240846 号

所有权利保留。
未经许可,不得以任何方式使用。

俄罗斯联邦行政诉讼法典
黄道秀 译

商 务 印 书 馆 出 版
(北京王府井大街36号 邮政编码100710)
商 务 印 书 馆 发 行
北京市艺辉印刷有限公司印刷
ISBN 978-7-100-12628-1

2016年11月第1版　　开本880×1230 1/32
2016年11月北京第1次印刷　印张9¾
定价:29.00元

俄罗斯联邦行政诉讼法典

国家杜马2015年2月20日通过

联邦委员会2015年2月25日批准

2015年6月29日第190号联邦法律、

2015年12月30日第425号联邦法律、

2016年2月15日第18号联邦法律、

2016年4月5日第103号联邦法律、

2016年6月2日第169号联邦法律修订

目 录

第一编 总则

第一章 一般规定 ………………………………………… 3
第二章 法院对行政案件的管辖和审判管辖 ………… 16
第三章 法庭的组成 回避 ……………………………… 24
第四章 案件参加人和诉讼的其他参加人 …………… 29
第五章 案件的代理 ……………………………………… 48
第六章 证据和证明 ……………………………………… 53
第七章 行政诉讼的保全措施 …………………………… 68
第八章 诉讼期限 ………………………………………… 72
第九章 诉讼通知和传唤 ………………………………… 75
第十章 诉讼费用 ………………………………………… 79

第二编 诉讼强制措施

第十一章 诉讼强制措施 ………………………………… 87

第三编 第一审法院审理的一般规则

第十一·一章 关于要求发出法院支付令的行政案件的
审理程序 …………………………………… 93

i

第十二章　行政诉状的提交 …………………………………… 98

第十三章　行政案件法庭审理的准备 …………………………… 106

第十四章　法庭审理 ……………………………………………… 113

第十五章　法院判决 ……………………………………………… 128

第十六章　行政诉讼的中止 ……………………………………… 135

第十七章　行政诉讼的终止 ……………………………………… 138

第十八章　搁置行政诉状不予审理 ……………………………… 140

第十九章　法院裁定 ……………………………………………… 142

第二十章　笔录 …………………………………………………… 145

第四编　某几类行政诉讼的特别规定

第二十一章　对规范性法律文件提出异议的行政诉讼 ……… 151

第二十二章　对国家权力机关,地方自治机关,具有某些国家权力或其他公权力的机关、组织、公职人员、国家工作人员和自治地方工作人员的决定、行为（不作为）提出异议的行政诉讼 …………… 162

第二十三章　俄罗斯最高法院纪律审判庭所审理的行政诉讼 … 176

第二十四章　维护公民选举权和参加全民公决权利的行政诉讼 ……………………………………………………… 181

第二十五章　对登记价值确定结果提出异议的行政诉讼 …… 192

第二十六章　因在合理期限内进行法院诉讼和合理期限内执行法院裁判的权利受到侵害而要求赔偿的行政诉讼 ……………………………………………… 197

第二十七章　中止政党、其地区分部或其他部门的活动或予以取缔,中止不具有法人资格的其他社会团体、宗

教组织和其他非商业组织、其地区分部或其他部
门的活动或予以取缔以及禁止大众信息媒体活
动的行政诉讼 ………………………………… 208
第二十八章 要求将应该驱逐出境或准予再入籍的外国公
民安置到专门机构或延长应该驱逐出境或准
予再入籍的外国公民在专门机构居留期的行
政诉讼 ………………………………………… 213
第二十九章 对剥夺自由场所释放人员进行行政监管的
行政诉讼 ……………………………………… 217
第三十章 强制将公民安置到提供精神病学帮助的医疗住院
机构、强制延长住院治疗或强制对公民进行精神
病学检验的行政诉讼 ………………………… 223
第三十一章 强制将公民安置到结核病防治住院机构的行政
诉讼 …………………………………………… 230
第三十二章 追索应付款项和罚款的行政诉讼 ………… 233

第五编 行政案件审理的简易(书面)程序

第三十三章 按照简易(书面)程序审理行政案件 …… 239

第六编 上诉审法院的诉讼

第三十四章 上诉审法院的诉讼 ……………………… 243

第七编 对已生效法院裁决的再审

第三十五章 申诉审法院的诉讼 ……………………… 261
第三十六章 监督审法院的诉讼程序 ………………… 272

第三十七章　根据新的情况和新发现的情况对已经生效的
　　　　　　法院裁判的再审程序 ………………………… 282

第八编　与执行行政案件的法院裁判有关的并由法院解决的诉讼问题

第三十八章　与执行行政案件的法院裁判有关的并由法院
　　　　　　解决的诉讼问题 ………………………………… 293

第九编　最后条款

第三十九章　本法典的生效程序 ………………………………… 303

第一编 总 则

第一章 一般规定

第1条 本法典调整的对象

1. 本法典调整俄罗斯联邦最高法院、普通法院（下称法院）在审理和解决关于维护公民受到侵害的或受到争议的权利、自由和合法利益及组织的权利和合法利益的行政案件，以及在审理和解决行政法律关系和其他公法关系产生的并与对国家权力或其他公权力的行使是否合法有据进行审判监督有关的行政案件时的行政诉讼程序。

2. 法院依照本法典规定的程序审理和解决行政法律关系和其他公法关系所产生的、属于它们管辖的关于维护公民受到侵害的或受到争议的权利、自由和合法利益及组织的权利和合法利益的行政案件。这些行政案件包括：

（1）对规范性法律文件的全部或部分提出异议；

（2）对国家权力机关、其他国家机关、军事管理机关、地方自治机关、公职人员、国家工作人员和自治地方工作人员的决定、行为（不作为）提出异议；

（3）对具有某些国家权力或其他公权力的非商业组织（包括自治组织）的决定、行为（不作为）提出异议；

（4）对法官资格审查委员会的决定、行为（不作为）提出异议；

（5）对法官最高任职资格考试委员会和俄罗斯联邦各主体法

官资格考试委员会(以下称考试委员会)的决定、行为(不作为)提出异议;

(6)维护俄罗斯联邦公民选举权和参加全民公决的权利;

(7)因普通法院审理的案件在合理期限内审结的权利或在合理期限内执行普通法院的法院裁判的权利受到侵害而要求赔偿。

3.法院依照本法典规定的程序审理和解决属于它们管辖的涉及在对自然人和组织行使某些行政权力时遵守人和公民的权利和自由、组织的权利进行强制审判监督的行政案件。这些行政案件包括:

(1)中止政党、其地区分部或其他部门、其他社会团体、宗教团体和其他不具有法人资格的非商业组织的活动或予以取缔,将非商业组织的信息材料从国家注册簿中删除的行政案件;

(2)终止大众信息媒体的活动的行政案件;

(3)追索法定强制性付款和向自然人追索罚金的行政案件(以下称关于追索强制性付款和罚金的行政案件);

(4)将依照俄罗斯联邦再入籍的国际条约应该驱逐出境或由俄罗斯联邦遣返给外国的外国公民和无国籍人或者依照俄罗斯联邦再入籍的国际条约由外国国家遣返给俄罗斯联邦而俄罗斯联邦接受的没有合法理由在俄罗斯联邦居留(居住)的外国公民和无国籍人(以下称应予以驱逐或再入籍的外国人)安置到调整外国公民在俄罗斯联邦法律地位的联邦法律所规定的专门机构(以下称专门机构)的行政案件以及延长外国公民在专门机构居留期的行政案件(以下称关于将应该驱逐出境或再入籍的外国人安置到专门机构和延长外国公民在专门机构的居留期的行政案件)。

(5)关于设立、延长或提前终止行政监管的行政案件,以及关于部分撤销或增加原先对被监管人员规定的行政限制的行政案件（以下称关于对剥夺自由场所释放人员进行行政监管的行政案件）；

（6）关于将公民强制安置到精神病住院机构或者关于强制对公民进行精神病学检验的行政案件；

（7）关于将公民强制安置到结核病防治机构的行政案件；

（8）关于将公民强制安置到非精神病学医疗机构的其他行政案件。

4．因公法关系产生的和联邦法律规定属于俄罗斯联邦宪法法院、俄罗斯联邦各主体宪法法院、仲裁法院管辖的案件，或者应该由俄罗斯联邦最高法院、普通法院依照其他诉讼程序审理的案件，不得依照本法典规定的程序审理。

5．本法典的规定不适用于行政违法行为案件的审理，也不适用于追索俄罗斯联邦预算体系资金案件的审理。

第 2 条　行政诉讼立法

1．行政诉讼程序由《俄罗斯联邦宪法》、1996 年 12 月 31 日第 1 号联邦宪法性法律《俄罗斯联邦审判体系法》、1999 年 6 月 23 日第 1 号联邦宪法性法律《俄罗斯联邦军事法院法》、2011 年 2 月 7 日第 1 号联邦宪法性法律《俄罗斯联邦普通法院法》以及本法典和其他联邦法律规定。

2．如果俄罗斯联邦的国际条约规定了与本法典不同的行政诉讼规则，则适用国际条约的规则。

3．本法典规定的第一审法院、上诉审法院、申诉审法院的行政诉讼一般规则适用于所有种类的行政案件，同时考虑本法典规定的各种不同行政案件的特点。

4. 如果没有调整行政诉讼过程中产生的关系的诉讼法规范，则法院应适用相近的规范（法律类推），如果没有相近的规范，则应该根据俄罗斯联邦审判原则进行处理（法的类推）。

5. 行政诉讼应依照行政案件审理和解决时、实施具体诉讼行为时有效的诉讼法规范进行。

第3条 行政诉讼的任务

行政诉讼的任务是：

（1）保障行政法律关系和其他公权力关系领域内审判权的实现；

（2）在行政法律关系和其他公权力关系领域维护公民受到侵害的或受到争议的权利、自由和合法利益及组织的权利和合法利益；

（3）正确、及时审理和解决行政案件；

（4）在行政法律关系和其他公权力关系领域加强法制和预防违法行为。

第4条 向法院提起行政诉讼的权利

1. 每一个利害关系人都被保障享有向法院提出请求的权利，有权要求维护受到侵害的或受到争议的权利、自由和合法利益，如果该人认为对其权利、自由的行使和合法利益的实现造成了障碍，或者对他非法地设定某种义务；在本法典和其他联邦法律规定的情况下还被保障享有向法院请求维护他人的利益或公共利益的权利。

2. 不允许强迫放弃向法院提出请求的权利。

3. 如果联邦法律对某一类行政案件规定了调整行政争议或其他公共争议的强制性审前程序，则在遵守该程序后方能向法院提出请求。

4. 外国公民、无国籍人、外国组织和国际组织（以下称外国人）有权请求法院维护自己受到侵害的或被提出争议的、基于一方服从另一方的行政法律关系或其他公法关系方面的权利、自由和合法利益。除本法典有明文规定的情况外,外国人享有与俄罗斯公民和组织相同的诉讼权利和履行相同的诉讼义务。俄罗斯联邦政府可以对那些对俄罗斯公民和组织的诉讼权利实行限制的国家的公民和组织规定对等的限制。

第 5 条　行政诉讼权利能力和行政诉讼行为能力,行政诉讼权利主体资格

1. 所有公民,国家权力机关、其他国家机关、地方自治机关及其公职人员,社会团体、宗教组织和其他组织,包括非商业组织,以及不具有法人资格的社会团体和宗教组织,如果依照本法典和其他联邦法律享有通过法院维护自己在公共领域的权利、自由和合法利益,则平等地享有行政诉讼领域的诉讼权利和承担相同的诉讼义务(行政诉讼权利能力)。

2. 下列公民和组织享有以自己的行为实现诉讼权利的能力,包括委托代理人办理行政案件和履行行政诉讼义务(行政诉讼行为能力):

(1) 年满 18 岁的未被认定为无行为能力的公民;

(2) 年满 16 岁、不满 18 岁的具有限制行为能力的未成年公民,在他们依法能够独立参加的有争议的行政法律关系和其他公法关系所产生的行政案件中;

(3) 国家权力机关、其他国家机关、地方自治机关、选举委员会、全民公决委员会、社会团体、宗教组织和其他组织,包括非商业

组织；

（4）不具有法人资格的社会团体和宗教组织，在这些组织依法能够参加的有争议的行政法律关系和其他公法关系所产生的行政案件中。

3. 不满 18 岁、行为能力受到限制并依法不能独立参加的有争议的行政法律关系和其他公法关系所产生的行政案件的公民，通过自己的法定代理人在法院诉讼中维护自己的权利、自由和合法利益。必要时，法院可以吸收这些公民参加行政案件的审理。

4. 被认定为无行为能力的公民通过他们的法定代理人维护其在法院诉讼中的权利、自由和合法利益。

5. 外国公民、无国籍人的行政诉讼权利能力和行政诉讼行为能力由其本国法、该国与俄罗斯联邦签订的国际条约以及调整这些人参加有争议的行政法律关系和其他公法关系问题的立法规定。如果公民在具有俄罗斯国籍的同时又具有外国国籍，则其本国法为俄罗斯法。如果外国公民具有几个国家的国籍，则其本国法是其住所地法。如果外国公民在俄罗斯联邦境内有住所地，则其本国法为俄罗斯法。无国籍人的本国法是其住所地国法。

6. 依照其本国法不具有诉讼行为能力的人，可以依照俄罗斯法被认为在俄罗斯联邦具有行政诉讼行为能力。

7. 外国组织的行政诉讼权利能力和行政诉讼行为能力（行政诉讼权利主体资格）由该组织设立地国法、该国与俄罗斯联邦签订的国际条约和调整这些组织参加有争议的行政法律关系和其他公法关系问题的立法规定。

8. 依照其设立地国法不具有诉讼权利主体资格的外国组织，可以依照俄罗斯法被认为在俄罗斯联邦具有诉讼权利主体资格。

9. 国际组织的诉讼权利主体资格依据成立它的国际条约、其设立文件或与俄罗斯联邦主管机关的协议确定。

第 6 条　行政诉讼的原则

行政诉讼的原则是：

（1）法官独立；

（2）法律和法院面前人人平等；

（3）行政案件审理和解决的合法性和公正性；

（4）在合理期限内进行行政诉讼和在合理期限内执行行政案件的法院裁判；

（5）法庭审理的公开性和开放性；

（6）法庭审理的直接原则；

（7）在法庭的积极作用下行政诉讼双方当事人的辩论制和平等原则。

第 7 条　法官独立

1. 在进行行政诉讼时法官独立，仅服从《俄罗斯联邦宪法》和联邦法律。

2. 禁止国家权力机关,其他国家机关,地方自治机关及其他机关、组织、公职人员和公民对法院审判活动进行任何干涉,进行干涉的应承担联邦法律规定的责任。

3. 法官独立的保障由《俄罗斯联邦宪法》和联邦法律规定。

4. 国家权力机关,其他国家机关及地方自治机关及其他机关、组织、公职人员和公民向办案法官、法院院长、法院副院长、法庭庭长或审判委员会主席就行政案件发出的书面或口头请求,均应公开并在法院的网站上公布,以便让法庭审理参加人周知,这些请求不是对行政案件进行诉讼行为或就行政案件作出诉讼决定的根据。

第 8 条　法律和法院面前人人平等

1. 行政诉讼按照法律和法院面前人人平等的原则进行,凡是公民的,不论性别、种族、民族、语言、出身、财产状况和职务地位、住所地、对宗教的态度、信仰、社会团体属性和其他情况,在法律和法院面前一律平等;凡是组织的,不论其组织法律形式、所有制形式、隶属关系、所在地和其他情况,在法律和法院面前一律平等。

2. 法院保证对案件所有参加人的权利、自由和合法利益给予同等的司法保护。

第 9 条　行政案件审理和解决的合法性与公正性

法院在审理和解决行政案件时遵守行政诉讼立法的规定,准确地、符合行政案件情节地正确解释和适用法律及其他规范性法律文件,包括调整涉及行使国家权力和其他公共权力的关系的法律文件,以及使公民和组织通过恢复其受到侵害的权利和自由,从而保证行政案件审理和解决的合法性与公正性。

第 10 条　进行行政诉讼的合理期限和执行行政案件的法院裁判的合理期限

1. 行政诉讼的进行和行政案件法院裁判的执行均应在合理期限内进行。

2. 行政诉讼的合理期限包括自第一审法院收到行政诉状之日起直至应该对行政案件作出最后法院裁判之日的期间。在确定合理期限时应考虑以下情节:法律复杂性和事实复杂性、诉讼程序参加人的行为、法院为及时审理行政案件所实施行为的充分性和有效性,以及考虑行政诉讼的总时间。

3. 法院对行政案件的审理应在本法典规定的期限内进行。只有在本法典规定的情况下和依照本法典规定的程序,才允许延长该期限。

4. 与组织法院工作有关的情况,包括本法典第 28 条第 3 款第 2 项所规定的情况、要求变更法官以及不同审级法院审理行政案件等,均不得作为延长行政诉讼合理期限的理由。

5. 本条第 2 款和第 4 款规定的确定行政诉讼合理期限的规则,也适用于确定行政案件的法院裁判执行的合理期限。

6. 如果法院在受理行政诉状以后长时间未予审理,诉讼过程显然拖延,法院院长有权主动地或根据利害关系人对要求加快行政案件审理的相应申请作出说明理由的加快行政案件审理的裁定。

7. 在要求加快行政案件审理的申请书中应该指出申请人据以提出申请的情况。法院院长至迟在法院收到该申请书后的第一个工作日对申请书进行审议,不通知申请人和案件其他参加人。法院院长根据对申请的审议结果作出裁定,满足加快行政案件审理的申请或者驳回申请,裁定应说明理由。

8. 在满足申请和加快行政案件审理的裁定中,可以指出为加快行政案件审理应该实施哪些行为,并规定进行法庭审理的期限。

9. 满足申请和加快行政案件审理或者驳回申请的裁定书的副本应至迟在作出裁定后的第一个工作日发送给案件参加人。

第 11 条　法庭审理的公开性和开放性

1. 所有法院均公开审理行政案件。

2. 如果所审理的行政案件材料包含属于国家机密或其他受法律保护的秘密的信息材料,则行政案件在不公开的审判庭审理。如果案件参加人认为必须保守商业秘密或其他受法律保护的秘密、行政案件含有保密性质的信息材料、公民私生活可能受侵犯以及其他公开讨论可能妨碍行政案件的正确审理，或者可能造成上述秘密泄露或者侵害公民的权利和合法利益，因而申请在不公开的审判庭审理行政案件，法院又同意该申请的，则行政案件也在不公开审判庭审理。

3. 案件参加人和非案件参加人，如其权利和义务问题已经由法院解决，不得被限制获得行政案件审理的日期、时间和地点等信息和关于行政案件审理结果及就行政案件所作出的法院裁判的书面信息的权利。

4. 每个人均有权按规定程序了解对于在公开审判庭审理的行政案件所作出的已经生效的法院裁判，但依法限制此项权利的情形除外。

5. 公开审判庭审理行政案件时，案件参加人和非案件参加人，均有权书面记录或借助录音设备记录法庭审理的过程。经法院同意，允许对法庭审理进行照相、录音，进行无线电转播和电视转播或互联网转播。

6. 关于在不公开审判庭审理行政案件的事宜应作出说明理由的法院裁定。裁定可对全案的法庭审理或案件的部分法庭审理作出。

7. 在不公开的审判庭审理行政案件时，出庭的有案件参加人及其代理人，在必要时还有证人、鉴定人、专家和翻译人员。

8. 不公开审判庭审理和解决行政案件须遵守行政诉讼的各项规则。在不公开审判庭不允许使用视频系统。

9. 案件参加人和非案件参加人在实施诉讼行为时，如果在其过程中可能发现本条第 2 款所列信息材料，法庭应警告泄露这些信息材料的责任。

10. 行政案件的法院判决公开宣布,但判决涉及未成年人的权利和合法利益的情形除外。如果法庭审理是在不公开审判庭进行的,则法院仅宣布判决的结论部分。

11. 在本法典规定的情况下,行政案件的法院判决必须予以公布。

第 12 条 行政诉讼的语言

1. 行政诉讼使用俄罗斯联邦的国家语言——俄语进行。在俄罗斯联邦所属各共和国境内的联邦普通法院,也可以使用该共和国的国家语言进行行政诉讼。

2. 案件参加人如不通晓行政诉讼所使用的语言,法庭应向他说明并保证他使用母语或自由选择的交际语言了解行政案件材料、参加诉讼行为、进行解释、出庭、提出申请和提出告诉的权利以及依照本法典规定的程序要求翻译服务等权利。

3. 法院判决用俄语制作,当事人有申请的,应翻译成法庭审理所使用的语言。

第 13 条 法庭审理的直接原则

法庭在审理行政案件时必须直接审查行政案件的所有证据。

第 14 条 辩论制与双方当事人平等原则

1. 行政诉讼实行辩论制和双方当事人平等原则。

2. 法院在保持独立、客观和公正的情况下主导诉讼过程,向每一方当事人说明其权利和义务,警告双方实施或不实施诉讼行为的后果,帮助当事人实现其权利,创造条件并采取本法典规定的措施全面充分地确认行政案件的所有事实情节,包括查明和主动调取证据,以及在审理和解决行政案件时正确适用法律和其他规范性法律文件。

3. 双方当事人享有以下平等权利：申请回避和提出申请、提交证据、参加证据审查、向法庭陈述自己的理由和作出解释、行使本法典规定的其他诉讼权利。双方当事人被保障享有如下权利：向法庭和另一方提交行政案件的证据，提出申请，就行政案件审理过程中产生的与提交证据有关的所有问题说明自己的理由、看法和作出解释。

第 15 条　解决行政案件时应适用的规范性法律文件

1. 法院审理和解决行政案件应根据《俄罗斯联邦宪法》、俄罗斯联邦的国际条约、联邦宪法性法律、联邦法律以及俄罗斯联邦总统、俄罗斯联邦政府、联邦行政机关的规范性法律文件，俄罗斯联邦各主体的宪法、法律和规范性法律文件，地方自治机关和公职人员的规范性法律文件以及组织按规定程序授权所通过的规范性法律文件。

2. 如果在审理行政案件时法院确认应该适用的规范性法律文件不符合法律或具有更高法律效力的其他规范性法律文件，法院应依照法律或具有更高法律效力的其他规范性法律文件作出判决。

3. 如果在审理行政案件时法院得出结论认为正在审理的行政案件中适用的或应该适用的法律不符合《俄罗斯联邦宪法》，则法院应向俄罗斯联邦宪法法院提出申请进行该法律是否违宪的审查。在这种情况下，行政诉讼依照本法典第 190 条第 1 款第 5 项的规定予以中止。

4. 如果俄罗斯联邦的国际条约规定了与规范性法律文件不同的规则，而该规范性法律文件较之赞同该国际条约约束力的规范性文件具有相同的或者更小的法律效力,则在解决行政案件时适用国际条约的规则。

5. 法院在解决行政案件时适用在原告参加的法律关系产生之时的有效实体法规范,但根据联邦法律得出不同结论的除外。

6. 如果没有调整争议关系的法律规范,只要不与法律关系的实质相抵触,则法院应适用调整类似关系的法律规范(法律类推),而如果不存在类似的法律规范,则根据立法的一般原则和思想解决行政案件(法的类推)。

第 16 条　法院裁判的强制力

1. 已经发生法律效力的行政案件法院裁判(判决、裁定、裁决)以及法院的合法指令、要求、委托、传唤和通知对于国家权力机关、其他国家机关、地方自治机关、选举委员会、全民公决委员会、组织、联合组织、公职人员、国家工作人员和自治地方工作人员、公民均具有强制力,应在俄罗斯联邦境内予以执行。

2. 对不执行行政案件的法院裁判以及拖延其执行的,应采取本法典规定的措施或者追究其他联邦法律规定的责任。

第二章　法院对行政案件的
管辖和审判管辖

第 17 条　法院对行政案件的管辖

俄罗斯联邦最高法院、普通法院及和解法官审理和解决与维护公民受到侵害的或受到争议的权利、自由和合法利益、维护组织受到侵害的或受到争议的权利和合法利益有关的行政案件,以及行政权力或其他公权力法律关系所产生的、与对国家权力或其他公权力的行使是否合法有据进行审判监督有关的其他行政案件,但联邦法律规定属于俄罗斯联邦宪法法院、俄罗斯联邦各主体宪法法院管辖的案件除外。

(2016 年 4 月 5 日第 103 号联邦法律修订)

第 17—1 条　属于和解法官管辖的行政案件

(本条由 2016 年 4 月 5 日第 103 号联邦法律增补)

和解法官审理要求按照本法典第十一·一章规定的程序发出追索强制付款和罚金的法院支付令的申请。

第 18 条　属于军事法院管辖的行政案件

在联邦法律规定的情况下,与维护公民在行政法律关系和其他公法关系领域内受到侵害的或受到争议的权利、自由和合法利益,维护组织在行政法律关系和其他公法关系领域内受到侵害的或受到争议的权利和合法利益有关的行政案件,由军事法院审理。

第 19 条　区法院管辖的行政案件

属于法院管辖的行政案件,除本法典第 17—1 条、第 18 条、第 20 条和第 21 条规定的行政案件外,均由区法院作为第一审法院管辖。

(本条由 2016 年 4 月 5 日第 103 号联邦法律修订)

第 20 条　属于共和国最高法院、边疆区法院、州法院、联邦直辖市法院、自治州法院和自治专区法院管辖的行政案件

共和国最高法院、边疆区法院、州法院、联邦直辖市法院、自治州法院和自治专区法院作为第一审法院审理下列行政案件:

(1) 涉及国家机密的行政案件;

(2) 对俄罗斯联邦各主体国家权力机关、地方自治组织代议制机关的规范性文件以及含有立法解释并具有规范性质的文件提出异议的行政案件;

(3) 对俄罗斯联邦各主体法官资格审查委员会的决定提出异议的行政案件,但关于中止或终止法官权限、中止或终止法官离职的决定除外;

(4) 以违反考试程序为由,对俄罗斯联邦主体法官资格考试委员会的决定和行为(不作为)提出异议的行政案件,对不准参加法官任职资格考试的决定提出异议的行政案件,以及对上述考试委员会造成法官候选人未能参加法官资格考试的行为(不作为)提出异议的行政案件;

(5) 关于中止政党部门或区域组织、跨区域组织或区域联合组织的活动或予以取缔的行政案件;关于取缔地方宗教组织、由俄罗斯联邦的一个主体境内的地方宗教组织组成的中央宗教组织的行政案件;关于禁止不具有法人资格的跨地区社会团体和地区社会团体、由俄罗斯联邦的一个主体境内的地方宗教团体组成的中央宗教团体的活动的行政案件；

（6）关于终止大众信息媒体活动的行政案件，如果该媒体的产品在俄罗斯联邦的一个主体范围内传播；

（7）关于对俄罗斯联邦主体选举委员会（不论选举或全民公决的层级）的决定、俄罗斯联邦联邦会议国家杜马议员选举中的州选举委员会的决定、俄罗斯联邦主体立法机关（代议制机关）选举委员会的决定提出异议的行政案件，但规定下级选举委员会、全民公决委员会仍然有效的决定除外；

（8）要求撤销俄罗斯联邦联邦会议国家杜马议员按选区提名的候选人登记的行政案件；

（9）要求撤销俄罗斯联邦主体最高公职人员（俄罗斯联邦主体最高国家行政机关领导人）候选人登记的行政案件；

（10）要求撤销候选人（包括已经列入已登记候选人名单的候选人）登记的行政案件，要求撤销俄罗斯联邦主体立法机关（代议制机关）候选人名单登记的行政案件；

（11）要求解散选举委员会的行政案件，但本法典第21条第10款规定的情形除外；

（12）要求确定俄罗斯联邦主体国家权力机关以及地方自治机关选举期限的行政案件；

（13）要求认定俄罗斯联邦主体国家立法机关（代议制机关）、地方自治组织代表机关的组成为非法的行政案件；

（14）在属于和解法官管辖和区法院管辖的案件中，要求对违反在合理期限内进行诉讼的权利或在合理期限内执行法院裁判的权利进行赔偿的行政案件；

（15）对确定登记价值的结果提出异议的行政案件。

第 21 条　属于俄罗斯联邦最高法院管辖的行政案件

俄罗斯联邦最高法院作为第一审法院审理下列行政案件：

（1）对俄罗斯联邦总统、俄罗斯联邦政府、联邦国家行政机关、俄罗斯联邦总检察院、俄罗斯联邦侦查委员会、俄罗斯联邦最高法院审判委员会、俄罗斯联邦中央银行、俄罗斯联邦中央选举委员会、国家预算外基金（包括养老基金）、俄罗斯联邦社会保险基金、联邦强制医疗保险基金以及国家合作社的规范性法律文件提出异议的行政案件；

（1—1）对联邦行政机关、其他联邦国家机关、俄罗斯中央银行、国家预算外基金（包括俄罗斯联邦养老基金、联邦强制医疗保险基金）的含有立法解释并具有规范性质的文件提出异议的行政案件；

（本项由 2016 年 2 月 15 日第 18 号联邦法律增补）

（2）对俄罗斯联邦总统、俄罗斯联邦联邦会议联邦委员会、俄罗斯联邦联邦会议国家杜马、俄罗斯联邦政府、俄罗斯联邦外国投资政府监督委员会的规范性法律文件提出异议的行政案件；

（3）对俄罗斯联邦法官最高资格审查委员会的决定和俄罗斯联邦各主体法官资格审查委员会关于中止或终止法官权限、中止或终止其离职的决定提出异议的行政案件，以及联邦法律规定由俄罗斯联邦最高法院管辖的对法官资格审查委员会的其他决定进行申诉的行政案件；

（4）以违反考试程序为由，对俄罗斯联邦主体法官资格考试委员会的决定和行为（不作为）提出异议的行政案件，对不准参加法官任职资格考试的决定提出异议的行政案件，以及对上述考试委员会造成法官候选人未能参加法官资格考试的行为(不作为)提出异议的行政案件；

(5)关于中止政党、全俄的和国际的社会团体的活动,关于取缔政党、取缔全俄社会团体和国际的社会团体,关于取缔在两个以上俄罗斯联邦主体设有地方宗教组织的中央宗教团体的行政案件；

(6)关于终止大众信息媒体活动的行政案件,如果该媒体的产品在两个以上俄罗斯联邦主体传播；

(7)对俄罗斯联邦中央选举委员会的决定(逃避作出决定)(无论是哪一级的选举或全民公决)提出异议的行政案件,但规定下级选举委员会、全民公决委员会的决定仍然有效的决定除外；

(8)要求撤销俄罗斯联邦总统候选人登记、撤销联邦候选人名单登记、列入已经登记的联邦候选人名单的候选人登记的行政案件,以及在进行俄罗斯联邦联邦会议国家杜马选举时将地区候选人小组从联邦候选人名单中删除的行政案件；

(9)要求终止俄罗斯联邦全民公决倡议小组、倡议动员小组活动的行政案件；

(10)要求解散俄罗斯联邦中央选举委员会的行政案件；

(11)关于俄罗斯联邦总统依照《俄罗斯联邦宪法》第85条移送俄罗斯联邦最高法院审理的解决联邦国家权力机关与俄罗斯联邦主体国家权力机关之间争议的行政案件；

(12)在联邦普通法院管辖的案件中,要求对违反在合理期限内进行诉讼的权利或在合理期限内执行法院裁判的权利进行赔偿的行政案件,但区法院和卫戍区军事法院管辖的案件除外；

(13)对俄罗斯联邦国防部、联邦法律规定在其中服兵役的其他联邦国家行政机关涉及军人、服兵役公民的权利、自由和合法利益的非规范性法律文件提出争议的行政案件；

（14）对俄罗斯联邦总检察院、俄罗斯联邦侦查委员会涉及军事检察院机关的军人和俄罗斯联邦侦查委员会军事侦查机关的军人的权利、自由和合法利益的非规范性法律文件提出争议的行政案件。

（第21条第14项自2017年1月1日起发生法律效力——2015年3月8日第22号联邦法律）

第22条　在被告的住所地（所在地）提交行政诉状

1．对国家权力机关、其他国家机关、地方自治机关、选举委员会、全民公决委员会、具有某些国家权力或其他公权力的组织提起的行政诉状，在上述机关所在地提交，对公职人员、国家工作人员或自治地方工作人员提起的行政诉状，向上述人员履行职责的机关所在地的法院提交。

（本款由2015年12月30日第425号联邦法律修订）

2．如果国家权力机关、其他国家机关、地方自治机关、选举委员会、全民公决委员会、具有某些国家权力或其他公权力的组织的所在地与行使权限的地区或公职人员、国家工作人员或自治地方工作人员履行职责的地区不一致，则行政诉状应向上述机关、组织行使权限的地区或相应公职人员、国家工作人员或自治地方工作人员履行职责的地区的法院提交。

3．在有争议的公法关系中作为不享有行政权力或其他公权力的主体的公民或组织提起的行政诉状，则应向公民住所地或该组织所在地的法院提交，但本法典有不同规定的除外。

第23条　专属管辖

1．关于将应该驱逐出境或准许再入籍的外国公民安置到专门机构或者关于延长应该驱逐出境或准许再入籍的外国公民在专门机构的居留期的行政诉状,应向应该驱逐出境或准许再入籍的外国公民居留的专门机构所在地提交。

2. 关于强制将公民安置到精神病学医疗住院机构提供帮助的行政诉状或者强制延长公民在提供精神病学帮助的医疗机构住院的行政诉状,应该向安置公民的医疗机构所在地的法院提交。

3. 关于强制对公民进行精神病学检验的行政诉状,应向公民住所地的法院提交。

4. 关于强制将公民安置到结核病医疗住院机构的行政诉状,应该向对公民进行结核病防治观察的结核病医疗机构所在地的法院提交。

第24条 根据原告的选择管辖

1. 对下落不明的公民或者在俄罗斯联邦没有常住地的公民的行政诉状,可以向其财产所在地的法院或者已知最后住所地的法院提交。

2. 因联邦行政区域机关的活动而产生的对联邦行政机关的行政诉状,可以向区域机关所在地的法院提交。

3. 对国家权力机关、其他国家机关、地方自治机关、具有某些国家权力或其他公权力的组织、公职人员(法警执行员除外)、国家工作人员或自治地方工作人员的决定、行为(不作为)提起的行政诉状,也可以向作为原告的公民的住所地法院提交,而在本法典规定的情况下,还可以向作为原告的组织的所在地法院提交。

4. 如果依照本条的规定行政案件可以由几个法院管辖,则选择权属于原告。

第25条 涉外行政案件的管辖规则

涉外行政案件的管辖依照本法典所规定的一般规则确定,但俄罗斯联邦签订的国际条约有不同规定的除外。

第 26 条　几个相互关联的行政案件的管辖

1. 对几个在不同地点的被告的行政诉状,可以根据原告的选择向其中一个被告的住所地(所在地)的法院提交。

2. 在追索强制付款和罚金的行政案件中,要求计算以前多交纳金额的行政反诉,应向审理原诉的法院提交。

第 27 条　法院已经受理的行政案件向另一法院的移送

1. 法院按照管辖规则已经受理的行政案件,应由该法院对案件进行实体审理,即使后来该案应归其他法院管辖。

2. 有下列情形之一的,法院应将行政案件移送到另一法院审理:

(1)原先下落不明或所在地不清的被告,申请将行政案件移送到其住所地或所在地的法院;

(2)在法院审理行政案件时发现该案的受理违反了管辖规则;

(3)在一名或几名法官回避后或者由于其他原因替换法官后,行政案件在该法院审理已经不可能的情况下,行政案件应移送到上级法院;

3. 关于行政案件移送到另一法院或者不予移送到另一法院的事宜,应作出裁定,对裁定可以提出申诉。在裁定的申诉期届满后行政案件即移送到另一法院,而在提交申诉时,则在法院作出驳回该申诉的裁定后移送。

4. 从一个法院移送到另一法院的行政案件,该另一法院应当受理。俄罗斯联邦法院之间不允许有管辖争议。

第三章 法庭的组成 回避

第 28 条 法庭的组成

1. 审理行政案件的法庭构成要考虑法官的工作负担和专业，也可以使用自动化信息系统来组成法庭。组成的程序应排除对法庭审理结果存在利害关系的人对法庭组成的影响；

2. 由一名法官或一个审判庭开始审理的行政案件,应该由该法官或该审判庭审结。

3. 有下列情形之一的,可以替换一名或几名法官：

（1）依照本法典规定的程序申请自行回避或法官回避而且申请已经得到满足；

（2）法官由于疾病、休假、学习、出差而长期缺席；

（3）依照联邦法律规定的理由,法官权限被终止或中止。

4. 行政案件审理过程中一名或几名法官被替换时,法庭审理从头开始。

第 29 条 行政案件的独任审理与合议庭审理

1. 行政案件在第一审法院由一名法官独任审理,但本条规定由合议庭审理的行政案件除外。第一审法院审理行政案件的合议庭由 3 名法官组成。

2. 有下列情形之一的,行政案件在第一审法院由合议庭审理：

（1）对俄罗斯联邦总统和俄罗斯联邦政府的规范性法律文件

提出异议的行政案件；

（2）要求解散选举委员会的行政案件；

（3）对俄罗斯联邦中央选举委员会关于俄罗斯联邦总统选举结果、俄罗斯联邦联邦会议国家杜马议员选举结果、俄罗斯联邦全民公决结果的决议提出异议的行政案件；

（4）发还第一审法院重新审理并要求合议庭审理的行政案件；

（5）由于案情特别复杂，经法官说明理由的申请而由法院院长作出由合议庭审理的行政案件；

（6）俄罗斯联邦最高法院纪律审判庭审理的行政案件；

3. 上诉审法院审理行政案件由3名法官组成合议庭审理。

4. 在申诉审和监督审法院审理行政案件时，法庭的构成依本法典第三十五章和第三十六章的规定。

5. 在合议庭审理行政案件时，由1名法官担任审判长。

第30条　合议庭审理行政案件时法庭解决问题的程序　法官保留意见

1. 在合议庭审理行政案件时产生的问题按法官多数票解决。表决时任何法官无权投弃权票，审判长最后投票。

2. 作出法院裁判时，如果1名法官不同意多数法官对法院裁判的赞成意见，或者虽投票赞成就法庭实体审理的问题所作出的法院裁判，但在某个其他问题上或法院裁判的理由上仍属于少数，法官仍必须在该法院裁判上签字，并有权以书面形式表达自己的特殊意见。

3. 法官应在就行政案件作出法院裁判之日起的5日内说明自己的特殊意见。特殊意见应附于行政案卷，但在宣布就行政案件所作的判决时不宣读,也不予公布。

第 31 条　法官的回避

1. 有下列情形之一的,法官不得参加行政案件的审理,而应该回避：

（1）以前作为法官参加过该行政案件的审理,而依照本法典的要求,他不得重复参加同一行政案件的审理；

（2）作为检察长、法庭书记员、代理人、鉴定人、专家、翻译人员或证人参加过该行政案件的审理；

（3）法官是案件参加人或其代理人的家庭成员、亲属或配偶的亲属；

（4）法官本人直接或间接地与行政案件的结局存在利害关系。

2. 如果存在与本条第 1 款规定以外的可能引起对其客观公正产生怀疑的情况,则法官也不得参加行政案件的审理。

3. 在合理期限内审理的权利受到侵害而要求赔偿的行政案件,不得由原先参加过审理产生该请求权的案件的法官审理。

4. 互为亲属关系、同一家庭的成员、亲属关系或其配偶为亲属关系的人员,不得作为审理行政案件的审判庭成员。

第 32 条　不允许法官重复参加行政案件的审理

1. 曾经在第一审法院参加行政案件审理的法官,不得在上诉审、申诉审和监督审法院审理该案。

2. 曾经在上诉审法院参加行政案件审理的法官,不得在第一审、申诉审和监督审法院审理该案。

3. 曾经在申诉审法院参加行政案件审理的法官,不得在第一审、上诉审和监督审法院审理该案。

4. 曾经在监督审法院参加行政案件审理的法官,不得在第一审、上诉审和申诉审法院审理该案。

第33条　检察长、法庭书记员、鉴定人、专家和翻译人员的回避

1. 检察长、法庭书记员、鉴定人、专家和翻译人员应该按照本法典第31条规定的根据进行回避,而不得参加行政案件的审理。

2. 鉴定人和专家如果过去和现在与案件参加人或其代理人存在职务关系或其他从属关系,也不得参加行政案件的审理而应该回避。

3. 检察长、法庭书记员、鉴定人、专家和翻译人员在行政案件此前的审理时分别作为检察长、法庭书记员、鉴定人、专家和翻译人员参加行政案件审理的,不是回避的依据。

第34条　申请自行回避和申请回避

1. 如果存在本法典第31条至第33条规定的根据,法官、检察长、法庭书记员、鉴定人、专家和翻译人员必须申请自行回避。案件参加人可以依照同样的根据申请回避,法庭也可以主动审议回避问题。

2. 自行回避和回避均应说明理由并应在行政案件实体审理前提出申请。只有在自行回避或回避的申请人在行政案件开始实体审理后方得知自行回避或回避的依据时,才允许在行政案件的审理过程中申请自行回避或申请回避。

3. 如果回避申请被驳回,则不允许同一人根据相同理由再次提出回避申请。

第35条　自行回避申请和回避申请的审理程序

1. 在申请回避时,法庭应听取案件参加人的意见。如果被申

请回避的人希望进行解释,还要听取他的意见。

2. 独任审理行政案件的法官被申请回避的,回避问题由该法官审理。

3. 如果行政案件由合议庭审理,则申请法官回避的问题由该合议庭在他缺席的情况下按多数票解决,赞成票和反对票相等时,被认为法官应该回避。

4. 要求审理行政案件的几名法官或整个合议庭回避的申请,由该法庭全体成员以简单多数票解决回避问题。

5. 申请检察长、法庭书记员、鉴定人、专家和翻译人员回避的问题,由审理行政案件的法庭解决。

6. 法官、检察长、法庭书记员、鉴定人、专家和翻译人员申请自行回避的或者要求他们回避的问题,都应退入评议室审议。根据对自行回避或回避问题的审议结果作出说明理由的裁定。

第 36 条 满足自行回避申请或回避申请的后果

1. 如果要求一名法官、几名法官或整个法庭回避的申请得到满足,则行政案件在同一法院由另外的法官或其他人组成的法庭审理。

2. 如果要求法官回避的申请根据本法典第 32 条规定的原因得到满足,同一法院又不可能另行组成法庭审理该行政案件,则行政案件应依照本法典第 27 条规定的程序由上级法院移送到同级的另一法院审理。

第四章　案件参加人和诉讼的其他参加人

第37条　案件参加人

案件参加人是：

（1）双方当事人；

（2）利害关系人；

（3）检察长；

（4）向法院要求维护他人和不定范围人群利益的机关、组织和个人。

第38条　双方当事人

1. 行政案件的双方当事人是原告和被告。

2. 原告是指向法院请求维护自己权利、自由和合法利益的人，或者是由检察长、行使公权力的机关、公职人员或公民向法院请求维护其利益的人，或者是为行使所担负的监督职能或其他公共职能而向法院提出请求的检察长、行使公权力的机关或公职人员。

3. 原告可以是俄罗斯联邦公民、外国人、无国籍人、外国组织和国际组织、社会团体和宗教组织，以及不具有法人资格的社会团体和宗教组织。在本法典规定的情况下，原告也可以是国家权力机关、其他国家机关、地方自治机关、选举委员会、全民公决委员会、其他具有某些国家权力或其他公权力的机关和组织。

4. 被告是指行政法律关系或其他公法关系所产生的争议中被提出请求的一方当事人，或者被行使监督职能或其他公共职能的原告向法院提出请求的一方当事人。

5. 被告可以是国家权力机关、其他国家机关、地方自治机关、选举委员会、全民公决委员会、其他具有某些国家权力或其他公权力的机关和组织、公职人员、国家工作人员和自治地方工作人员。在本法典规定的情况下，被告也可以是在有争议的法律关系中不具有国家权力或其他公权力资格的公民团体和组织。

第 39 条　检察长参加行政案件

1. 为了维护公民及不定范围人群的权利、自由和合法利益，维护俄罗斯联邦、俄罗斯联邦主体、地方自治组织的利益，以及在联邦法律规定的其他情况下，检察长有权向法院提出行政诉讼请求。只能在公民由于健康状况、年龄、无行为能力和因其他正当原因不能亲自向法院提出请求的情况下，检察长才能向法院提起行政诉讼，以维护不是行政法律关系或其他公法关系主体的公民的权利、自由和合法利益。

2. 俄罗斯联邦总检察长和副总检察长有权向俄罗斯联邦最高法院、共和国最高法院、边疆区法院、州法院、联邦直辖市法院、自治州法院、自治专区法院、军事法院、区法院提出行政诉讼请求；俄罗斯联邦主体总检察长、副总检察长和与他们同级的检察长和副检察长，有权向共和国最高法院、边疆区法院、州法院、联邦直辖市法院、自治州法院、自治专区法院、军区（舰队）军事法院、卫戍区军事法院、区法院提出行政诉讼请求；市、区的检察长和与他们同级的检察长有权向卫戍区军事法院、区法院提出行政诉讼请求。

3. 检察长的行政诉状应该符合本法典第 125 条第 6 款规定的

要求。

4. 向法院提起行政诉讼请求的检察长,享有原告的诉讼权利和承担原告的义务(但签订和解协议的权利和缴纳诉讼费的义务除外),并在为了公民的利益放弃行政诉讼请求时有义务通知公民或其法定代理人。

5. 如果检察长放弃已经向法院提出的维护作为行政法律关系或其他公法关系主体的不定范围人群的权利、自由和合法利益的诉讼请求,则行政案件的实体审理继续进行。如果检察长放弃行政诉讼请求是因为被告满足了诉讼请求,则法院驳回诉讼请求并终止行政案件的审理。

6. 在检察长放弃为维护公民的权利、自由和合法利益而提起的行政诉讼请求的情况下,如果具有行政诉讼行为能力的公民、其代理人或者不具有行政诉讼行为能力的公民的法定代理人又同意放弃行政诉讼请求,则法院搁置相应请求不予审理。在上述人放弃行政诉讼请求而法院又接受这种放弃的情况下,只要不违反法律和不侵害他人的权利、自由和合法利益,则法院终止行政诉讼。

7. 在本法典规定的情况下,检察长参加法院诉讼并就行政案件提出结论意见。如果行政案件是根据检察长的行政诉讼请求立案的,则检察长不得就行政案件提出结论意见。

第40条 为了维护他人、不定范围人群的权利、自由和合法利益向法院提出请求

1. 在联邦宪法性法律、本法典和其他联邦法律规定的情况下,国家机关、公职人员、俄罗斯联邦人权代表、俄罗斯联邦各主体人权代表可以向法院提出请求,维护不定范围人群的权利、自由和合法利益以及维护公共利益。

2. 在本法典和其他联邦法律规定的情况下,机关、组织和公民可以向法院提出请求,维护他人的权利、自由和合法利益。

3. 在联邦法律规定的情况下,社会团体可以向法院提出请求,维护本团体成员的权利、自由和合法利益。

4. 依照本条第1款、第2款和第3款提交的行政诉状,应该符合本法典第125条第6款规定的要求。

5. 向法院提出请求维护他人或不定范围人群权利、自由和合法利益的机关、组织和公民,享有原告的诉讼权利和承担原告的诉讼义务(但订立和解协议的权利和缴纳诉讼费的义务除外),并在放弃为维护公民利益而提出的诉讼请求时有义务通知公民或其法定代理人。

6. 在机关、组织和公民放弃为维护作为行政法律关系或其他公法关系主体的不定范围人群的利益而提出的行政诉讼请求时,行政案件的实体审理继续进行。如果放弃行政诉讼请求是由于被告满足了诉讼请求,则法院应接受放弃并终止行政诉讼。

7. 在机关、组织和公民放弃为维护他人权利、自由和合法利益而提出的行政诉讼请求的情况下,如果为其利益而提起诉讼的具有行政诉讼行为能力的公民、其代理人或不具有行政诉讼行为能力的公民的法定代理人不声明他支持行政诉讼,则法院搁置行政诉讼不予审理。如果上述公民及其代理人或法定代理人放弃支持行政诉讼,只要不违反法律和不侵害他人的权利、自由和合法利益,则法院接受放弃并终止行政诉讼。

第41条 数名原告或数名被告参加行政案件

1. 行政诉讼请求可以由几名原告共同向法院提起,也可以同时向几名被告提出。

2.有下列情形之一的,允许共同诉讼:

(1)行政法律关系或其他公法关系所产生争议(行政争议)的标的是数名原告或数名被告的权利和(或)义务;

(2)行政法律关系或其他公法关系的数名主体(数名原告或数名被告)的权利和(或)义务具有共同的根据;

(3)行政争议的标的是行政法律关系或其他公法关系主体的同类权利或义务。

3.每个原告或被告对于另一方当事人在法院诉讼中均为独立当事人。共同参加人可以委托其中的一位或几名共同参加人(行政原告或行政被告)参加行政诉讼。

4.在第一审法院作出终结行政案件实体审理的裁判前,共同原告可以参加行政案件;

5.如果本法典规定其他人必须作为被告参加行政案件,或者该人不参加行政案件便不能审理,则第一审法院应吸收该人作为共同被告参加案件。

6.关于共同原告(共同行政被告)参加案件或者驳回他们参加案件、吸收或驳回行政共同原告(共同行政被告)参加行政案件的事宜,均应由法院作出说明理由的裁定。如果驳回一个人作为共同原告参加行政案件,则他可以独立向法院提出行政诉讼请求,但本法典有不同规定的除外。

7.在共同原告参加行政案件或者共同被告被吸收参加行政案件以后,行政案件法庭审理的准备和行政案件的审理从头开始,但同一代理人或同一被授权人代表所有原告或所有被告参加行政案件的情形除外。

第42条　集团向法院提起集体行政诉讼请求

1. 作为行政法律关系或其他公法关系参加人的若干公民,以及在联邦法律规定情况下的其他人,有权向法院提出集体行政诉讼请求,以维护集团人群受到侵害的或被提出争议的权利和合法利益。提起这种行政诉讼请求的根据是具备以下条件:

(1) 众多的集团人群或不定数量的集团成员通过个别程序或通过本法典第41条规定的共同行政诉讼程序难于解决潜在的集体成员的要求;

(2) 争议标的和提出相应诉讼请求根据的同一性;

(3) 存在共同的被告(共同被告);

(4) 集团的所有成员使用相同的维护权利的手段。

2. 维护集团受到侵害的或有争议的权利和合法利益的行政案件,如果直至向法院提出维护权利和合法利益请求之日有不少于20人附议该请求,则由法院审理。附议行政诉状的方法是通过在行政诉状上签字或者提交个别申请附议行政诉状。

3. 集团行政诉状应该指出接受委托为集团人群的利益而参加行政案件的一人或几人。在这种情况下该人或该几人不需要委托书即享有原告的诉讼权利和承担原告的诉讼义务。

4. 如果向法院提交的行政诉状不符合本条第1款规定的要求,则法院搁置请求不予审理,同时向提交行政诉状的人或附议诉讼请求的人说明他们依照本法典规定的程序个别向法院提交行政诉状的权利,并说明行为的诉讼后果。

5. 如果一个人向法院提出行政诉讼请求,而该请求的内容与法院审理的集体行政诉状的内容相同,则可以建议他加入集体诉讼请求。如果向法院提出行政诉讼请求的人加入集体提出的诉讼请求,则法院将个人的诉讼请求合并到已经受理的诉讼请求中去。如果该人拒绝加入集体提出的诉讼请求,则法院应中止该行政诉讼请求的诉讼,直到对维护集团人群权利和合法利益的行政案件作出判决。

6. 如果由于共同原告参加行政案件而查明存在本条第1款规定的情况,法院有权根据案件参加人的申请并考虑双方当事人的意见,作出按照本条规定的程序审理行政案件的裁定,行政案件的审理从头开始。

第43条 不适格被告的更换

1. 如果第一审法院在准备行政案件的法庭审理时或在行政案件的法庭审理过程中查明,行政诉讼请求不是对该请求应该负责的人提出的,则法院经原告同意,将不适格被告更换成适格被告。如果原告不同意更换被告,则法院可以不经原告的同意追加该人作为第二被告。

2. 关于更换不适格被告或追加另一适格被告参加行政案件的事宜,法院应作出裁定。

3. 在更换不适格被告或在追加另一适格被告参加行政案件之后,行政案件法庭审理的准备和行政案件的法庭审理从头开始。

第44条 诉讼权利继受

1. 如果在行政案件的审理期间作为行政案件一方当事人的国家权力机关、其他国家机关和地方自治机关被改组,法院应以其权利继受人替换原当事人。如果上述某一机关,或具有国家权力或其他公共权力的组织被撤销,则法院应该以在法院审理的有争议的法律关系领域负责参加公法关系的或者负责维护原告权利、自由和合法利益的机关或组织更换该方当事人。

2. 如果在行政案件的审理期间,作为行政案件一方当事人的公职人员被免除所担任的(所代理的)职务,则法院应该以行政案件审理时担任(代理)该职务的其他人,或者以在法院审理的有争议的法律关系领域负责参加公法关系的或者负责维护原告权利、自由和合法利益的机关或组织更换该方当事人。

3. 如果作为有争议的法律关系或法院已经确定的行政法律关系或其他公法关系的主体和行政案件一方当事人的公民死亡,如果该行政法律关系或其他公法关系允许权利继受,则法院应该以其权利继受人更换该方当事人。

4. 如果作为有争议的或法院已经确认的行政法律关系或其他公法关系参加人的法人改组,如果该行政法律关系或其他公法关系允许权利继受,则法院应该以其权利继受人更换该方当事人。

5. 关于用权利继受人更换当事人或驳回更换的事宜,法院应作出裁定,对该裁定可以提出申诉。

6. 在权利继受人参加行政案件之前法院诉讼中所实施的所有行为,对权利继受人具有与对被更换的当事人相同的强制力。

第45条　案件参加人的权利和义务

1. 案件参加人享有下列权利:

(1) 了解行政案件的材料,进行摘抄或复制;

(2) 申请回避;

(3) 提交证据,在法庭审理前了解该案的其他参加人提交的证据和法院主动调取的证据,参加证据的审查;

(4) 对诉讼的其他参加人提出问题;

(5) 提出申请,包括申请调取证据、了解审判庭笔录,如果进行了审判庭录音、录像,还有权申请了解审判庭录音和(或)录像,申请对笔录和对录音、录像提出书面意见；

（6）以口头或书面形式向法庭作出解释；

（7）就法庭审理过程中产生的所有问题提出自己的理由；

（8）对案件其他参加人的申请和理由表示反对；

（9）了解案件其他参加人提出的申诉、了解就该行政案件所作出的法院裁判并得到作为单独文件的法院裁判的副本；

（10）了解法官对行政案件的保留意见；

（11）对法院裁判中涉及其权利、自由和合法利益的部分提出申请；

（12）享有本法典规定的其他诉讼权利。

2. 案件参加人有权将申请、请求、与行政案件审理有关的其他文件的电子版发送给法院，按照俄罗斯联邦最高法院规定的程序在法院的官方网站上填写电子文件表格。

（本款自2016年9月15日起生效——2015年3月8日第22号联邦法律）

3. 案件参加人有权向法院提交他们本人、他人、机关、组织以电子文件的形式制作的信息材料。电子文件由上述人、机关、组织按照俄罗斯联邦立法规定的格式制作，如果俄罗斯联邦立法没有规定格式，则可以按任意形式制作。电子文件应该由制作该文件的人（机关、组织中被授权的人）签字，但俄罗斯联邦立法规定由他人在电子文件上签字的除外。

4. 案件参加人经申请有权从互联网获得有法官专门电子签名的法院裁判、通知、传唤和其他文件的电子文本（但立法限制了解有关信息材料的除外）。

（本款自2016年9月15日起生效——2015年3月8日第22

号联邦法律）

5. 在本法典规定的情况下，案件参加人必须在代理人的参加下参加行政案件，代理人必须符合本法典第 55 条规定的要求。如果行政案件在法院的办理由代理人参加，则案件参加人可以设定代理人必须经案件参加人同意方能行使的权利。案件参加人通过自己的代理人可以向法庭审理的其他参加人提问，作出必要的说明，表示自己的意见和实施其他诉讼行为。必要时法院有权直接让案件参加人参加实施诉讼行为。

6. 案件参加人应该善意地行使属于他们的所有诉讼权利。

7. 案件参加人非善意地提出没有根据的行政诉求，对抗和多次对抗行政案件的正确、及时的审理和解决，以及以其他形式恶意行使诉讼权利的，应承担本法典规定的后果。

8. 案件参加人承担本法典规定的诉讼义务以及法院依照本法典令其承担的义务。

9. 案件参加人不履行诉讼义务的，应承担本法典规定的后果。

第 46 条　变更行政诉讼的根据或标的，放弃行政诉讼请求，承认行政诉讼请求，双方当事人订立和解协议

1. 原告有权在第一审法院对行政案件作出实体终审裁判之前变更行政诉讼的根据或标的。

2. 原告有权在第一审法院或上诉审法院对行政案件作出实体终审裁判之前完全或部分放弃行政诉讼请求。

3. 被告有权在任何审级的法院审理行政案件时完全或部分承认行政诉讼请求。

4. 双方当事人有权按照本法典第 137 条规定的程序订立和解协议。

5. 如果与本法典、其他联邦法律相抵触或侵犯他人的权利,则法院不接受原告放弃行政诉讼请求或被告接受行政诉讼请求。

6. 如果和解协议的订立违反法律、与行政案件的实质相抵触或侵犯他人的权利,则法院不批准双方当事人和解。

7. 在本条第5款和第6款规定的情况下,法院应对行政案件进行实体审理。

第47条　利害关系人

1. 利害关系人是指行政案件的审理可能涉及其权利和义务的人。

2. 利害关系人有权在第一审法院作出终结行政案件的法院裁判之前,主动作为原告一方或被告一方参加行政案件,如果法院裁判可能影响到他对另一方的权利和义务。利害关系人也可以根据案件参加人的申请被追加参加行政案件。

3. 利害关系人享有一方当事人的诉讼权利和承担一方当事人的诉讼义务,但变更行政诉讼请求的根据和标的、放弃行政诉讼请求、承认行政诉讼请求或订立和解协议、提出行政反诉等权利除外。

4. 关于利害关系人参加行政案件或者追加利害关系人参加行政案件或者驳回利害关系人参加行政案件的事宜,法院应作出裁定。

5. 对于驳回利害关系人参加行政案件、驳回追加利害关系人参加行政案件的裁定,可以由提出相应申请的人提起申诉。

6. 如果在法庭审理开始后利害关系人参加了行政案件或被追加参加了行政案件,则法庭审理的准备和法庭审理从头开始。

第48条　法院诉讼的其他参加人

除案件参加人外,案件参加人的代理人以及协助审判的人员,包括鉴定人、专家、翻译人员、法庭书记员,也参加案件。

第 49 条　鉴定人

1. 鉴定人是具有专业知识、在本法典规定的情况下和依照本法典规定的程序接受委托进行鉴定并就向他提出的需要专业知识的问题提出鉴定结论,以便查清具体行政案件案情的人员。

2. 鉴定人必须根据法院的传唤到庭,对鉴定客体、文件和材料进行充分的研究,以书面形式提出有根据的和客观的、反映所进行鉴定的过程和结果的鉴定结论。

3. 如果鉴定人不能传唤到庭,他必须提前向法院报告并说明不能到庭的原因。

4. 鉴定人必须在审判庭外进行鉴定(如果根据鉴定的性质必须这样做或者难于将鉴定的客体、文件或材料在审判庭进行鉴定),并在法院裁定规定的期限内以书面形式向法院提交有根据的和客观的鉴定结论,结论应反映鉴定人所进行的鉴定的过程和结果。鉴定人必须根据法院的传唤亲自出庭并回答与他所进行的鉴定和所提出的鉴定结论有关的问题。

5. 鉴定人必须保证提交给他的鉴定客体、行政案件的文件和材料的完整性,并将它们与鉴定结论或不可能进行鉴定的报告一并返还法院。如果进行鉴定必须完全或部分毁坏鉴定客体或者严重改变其性质,鉴定人应取得法院以裁定形式表示的许可。

6. 鉴定人无权独自搜集进行鉴定的材料,无权与诉讼参加人进行个人接触,如果这可能会使人对鉴定人与行政案件结局不存在利害关系产生怀疑;鉴定人无权泄露其因进行鉴定而知悉的信息材料,也无权将鉴定结果告知指定鉴定的法院以外的任何人。

7. 如果向鉴定人提出的问题超出了他的专业知识范围,或者鉴定客体、文件或行政案件材料不适合鉴定或不足以进行鉴定和提出鉴定结论,而提供补充鉴定文件和材料的请求又被驳回,或者当代的科学发展水平还不能回答所提出的问题,则鉴定人必须以书面形式向法院提交关于不可能提出鉴定结论的报告。

8. 如果鉴定人对委托他进行鉴定的内容和数量产生怀疑,则他必须提出申请要求说明,或者以书面形式向法院提出不可能进行鉴定的说明理由的报告。

9. 鉴定人无权转委托他人进行鉴定。

10. 在收到法院终止鉴定的裁定的情况下,鉴定人必须立即将指定鉴定的裁定以及将提交给他鉴定的客体、文件和行政案件材料退回法院。

11. 鉴定人或国家司法鉴定机构无权拒绝在法院规定期限内进行委托给他的鉴定,无权以法院责令支付鉴定费的一方当事人拒绝在进行鉴定前给付鉴定费为由拒绝进行鉴定。

12. 如果鉴定人不在法院指定鉴定的裁定中规定的期限内向法院提交鉴定结论的,国家司法鉴定机构或鉴定人又没有提出不可能进行鉴定或者由于本条第7款和第8款规定的原因不可能及时进行鉴定的说明理由的报告,或者由于没有证明已经事先支付鉴定费用的单证而不完成上述要求的,则法院依照本法典第122条和第123条规定的程序和数额对国家司法鉴定机构的领导人或违法的鉴定人处以诉讼罚金。

13. 经法院许可,鉴定人有权:

(1) 了解行政案件中涉及鉴定客体的材料;

(2) 出席审判庭,向与鉴定客体有关的案件参加人和证人提问;

（3）在实施涉及鉴定客体的诉讼行为时在场；

（4）申请向他提交补充鉴定材料和鉴定客体，为了进行鉴定和提交鉴定结论的需要而申请聘请其他鉴定人参加鉴定；

（5）在鉴定结论中叙述在鉴定过程中查明的与鉴定客体有关的并向他提出问题的情况；

（6）就诉讼参加人不正确解释鉴定人的鉴定结论和陈述提出申请，申请应记入审判庭笔录。

14. 国家鉴定机构以及鉴定人完成不属于其作为国家机构工作人员职责范围内的工作的，应该向他们给付工作报酬和补偿与鉴定有关的开支。法院传唤鉴定人时，应向他补偿因到法院出庭产生的旅费和住宿费（交通费、租房费和与在经常住所地以外居住而发生的费用即出差补助费）。

15. 鉴定人没有正当理由经传唤不到庭的，或者不事先通知法院而不能到庭的，应承担依照本法典第122条和第123条规定的程序和数额科处的诉讼罚金。

16. 鉴定人提交虚假鉴定结论的，可能被追究刑事责任，法院或者国家司法鉴定机构的领导人受法院委托应事先向鉴定人说明有关规定，鉴定人应作出具结。

第 50 条　专家

1. 专家是具有专门知识和（或）技能并由法院指定在就需要相关知识和（或）技能问题上审查证据和实施其他诉讼行为时进行说明、咨询以及提供其他直接帮助的人员。

2. 可以向专家提出与确定规范性法律文件、外国法律规范、技术规范内容有关的问题。

3. 被作为专家传唤的人，必须在指定的时间到庭，回答法庭提出的问题,提请法庭注意本质情节和证据的特点,以口头或书面形式进行说明或咨询,在必要时从自己的专业知识和(或)技能出发给法庭提供直接帮助。

4.如果专家经传唤不能出庭,则他必须提前通知法院并说明不能出庭的原因。

5.经法院允许,专家有权:

(1)了解与审查客体相关的行政案件材料;

(2)出席审判庭;

(3)申请向他提供补充材料。

6.对于超出专家专业知识范围的问题,以及如果向专家提供的材料不足以提出咨询意见,则专家可以拒绝提供咨询意见。

7.专家完成不属于他作为国家机构工作人员职责范围的工作时,应该向他给付报酬,补偿他出庭或前往诉讼行为实施地的费用和住宿费(交通费、租房费和与在经常住所地以外居住而发生的费用即出差补助费)。

8.专家经传唤而无正当理由不到庭的,或者不事先通知法院他不可能履行职责而不履行职责的,应承担依照本法典第122条和第123条规定的程序和数额科处的诉讼罚金。

第51条 证人

1.证人是可能知悉对审理和解决行政案件有意义的事实情节并被传唤到法庭提供证言的人。

2.参与制作法庭作为书证审查的文件的人员或者参与建立或变更法庭正在作为物证审查的客体的人员,均可作为证人传唤到庭。

3.下列人员不得作为证人:

（1）刑事案件中的代理人或辩护人、行政违法行为案件中的代理人或辩护人、民事案件中的代理人、行政案件中的代理人、协助双方当事人调整争议的居间人（包括调解人）——对他们履行职责而知悉的情况；

（2）法官、陪审员或仲裁员——对于他们为法庭作出民事判决或刑事案件而在评议室讨论行政案件的案情而产生的问题；

（3）进行过国家登记的宗教组织的神职人员——对他们在祷告中知悉的情况；

（4）依照联邦法律或俄罗斯联邦的国际条约不得被作为证人询问的其他人员。

4．作为证人被传唤的人员，必须在指定时间出庭（本条第5款规定的情形除外），陈述他亲自知悉的有关正在审理的行政案件实质的信息材料，回答法庭和案件参加人提出的补充问题。证人陈述的而不能指出信息来源的信息材料，不是证据。

5．如果由于疾病、残废或其他正当原因不能传唤出庭，则可以在证人的所在地询问证人。

6．证人无权逃避出庭、提供明知虚假的证言，出于《俄罗斯联邦宪法》和联邦法律规定以外的动机拒绝提供证言。

7．如果证人经传唤不能出庭，他必须事先将情况报告法院并说明不到庭的原因。

8．证人经传唤而无正当原因不到庭的，或者不履行将不能出庭的事项提前通知法院的义务的，应依照本法典第122条和第123条规定的程序和数额对他处以诉讼罚金，或者进行强制拘传。

9．证人提供明知虚假的证言的，或者出于《俄罗斯联邦宪法》和联邦法律规定以外的动机拒绝提供证言的，应承担刑事责任。

法院应事先警告有关的刑事责任,证人应该作出具结。

10. 证人有权:

(1) 在本条第 11 款规定的情况下拒绝提供证言;

(2) 用母语或他所通晓的语言提供证言;

(3) 无偿获得翻译帮助;

(4) 申请参加证人询问的翻译人员回避。

11. 有下列情形之一的,证人有权拒绝作证:

(1) 提供对自己不利的证言;

(2) 提供对配偶、父母和收养人、子女和被收养人不利的语言;

(3) 提供对兄弟姐妹(包括同胞兄弟姐妹或同父异母的或同母异父的兄弟姐妹)、祖父母或孙子女不利的证言;

(4) 监护人和保护人提供对被监护人或被保护人不利的证言;

(5) 俄罗斯联邦会议联邦委员会成员、俄罗斯联邦联邦会议国家杜马议员、俄罗斯联邦主体国家立法机关(代议制机关)的议员,有权拒绝提供涉及因其履行职责而知悉的信息材料的证言;

(6) 俄罗斯联邦人权代表、俄罗斯联邦主体人权代表有权拒绝提供涉及因其履行职责而知悉的信息材料的证言。

12. 证人有权获得与出庭作证有关的费用(交通费、房屋租赁费、在常住地以外居住而发生的费用即出差补助费)以及有权因作证花费时间而获得金钱补偿。

第 52 条 翻译人员

1. 翻译人员是熟练通晓行政诉讼所使用的语言和另一种必需与诉讼语言互译的语言的人员,或者是熟练通晓与聋人、哑人、聋哑人的交际技术的人员。

2. 在本法典规定的情况下依照本法典规定的程序聘请翻译人员参加诉讼。关于聘请翻译人员参加诉讼的事宜应作出裁定。

3. 案件参加人可以向法院建议聘请谁当翻译人员。诉讼其他参加人无权担当翻译人员,即使他通晓翻译所必需的语言。

4. 翻译人员必须做到:

(1) 按照法院的传唤出庭;

(2) 全面、正确地翻译不通晓诉讼语言的人员所作的解释、陈述、申请;

(3) 为不通晓诉讼语言的人员翻译行政案件中现有的案件其他参加人、证人的解释、陈述、申请,以及翻译审判庭、法院裁定或判决中所宣读的文件、录音、鉴定结论、专家的说明和咨询、审判长的指令。

5. 如果经法院传唤,翻译人员不能到庭,他必须提前通知法院并说明不能到庭的原因。

6. 翻译人员有权:

(1) 语言水平不够而不能担任翻译的,有权拒绝参加诉讼。

(2) 向案件其他参加人提问,以明确翻译的内容;

(3) 了解审判庭笔录或他所参加的具体诉讼行为笔录;

(4) 对翻译内容记录的正确性提出意见,意见应记入审判庭笔录。

7. 翻译人员经传唤不到庭,无正当原因的或者没有提前通知法院不可能出庭的,则应依照本法典第122条和第123条规定的程序和数额对他处以诉讼罚金。

8. 翻译人员故意作不正确的翻译的,应承担刑事责任。对此应事先向翻译人员说明。

9.翻译人员完成不属于其作为国家机构工作人员职责范围内的工作,应向他给付报酬。对翻译人员还应补偿与出庭作证相关的费用(交通费、房屋租赁费、在常住地以外居住而额外发生的费用即出差补助费)。

第 53 条　法庭书记员

法庭书记员:

(1)发出法院传票和通知;

(2)检查应该出庭人员的出庭情况,查明他们不到庭的原因并将情况报告审判长;

(3)使用技术手段保证对审判庭全过程记录的监控;

(4)制作审判庭笔录;

(5)管理行政案件材料;

(6)完成审判长的其他委托事项。

第五章　案件的代理

第 54 条　通过代理人在法院参加行政诉讼

1. 如果本法典没有规定代理人必须参加诉讼,则具有行政诉讼行为能力的公民可以亲自参加和(或)通过代理人参加自己的行政诉讼。公民亲自参加行政案件不剥夺他在该案中指派代理人。

2. 无行为能力的公民,由其法定代理人——父母、收养人、监护人或联邦法律赋予相关权利的其他人在法院维护无行为能力公民的权利和合法利益。法定代理人可以委托他们所选择的代理人在法院代理行政案件。如果本法典规定代理人必须参加诉讼,则法定代理人还必须委托他们所选择的代理人参加诉讼。

3. 未满 18 岁的限制行为能力的公民,可以由他们的代理人或法定代理人——父母、收养人、保护人或联邦法律赋予此项权利的其他人在法院维护其权利和合法利益。法定代理人以被代理人的名义实施被代理人有权实施的全部诉讼行为,同时受到联邦法律规定的限制。法定代理人可以委托他们所选择的代理人代理行政案件。如果本法典规定代理人必须参加诉讼,则法定代理人还必须委托他们所选择的代理人参加诉讼。

4. 如果被告下落不明,或者正在解决强制将被告安置到精神病学医疗住院机构的问题,而该被告又没有代理人,以及在联邦法律规定的其他情况下,由法院指定律师担任代理人。

第一编 总则

5.组织的独任管理机关或在联邦法律、其他规范性法律文件或组织的设立文件规定的权限范围内进行工作的被授权人员,或者组织的代理人,可以在法院进行行政诉讼。

6.被授权的清算委员会代表以被清算组织的名义在法院起诉和应诉。

7.不具有法人资格的社会团体和宗教组织中具有高等教育学历的成员,或者社会团体或宗教组织的参加人委托的代理人,可以社会团体和宗教组织的名义在法院起诉和应诉。

8.国家权力机关、其他国家机关、地方自治机关的领导人或代理人有权以上述机关的名义在法院起诉和应诉。

9.在对俄罗斯联邦政府提起行政诉讼请求的案件中,以及在俄罗斯联邦政府向法院提起行政诉讼时,按俄罗斯联邦政府规定办法确定的人员在法院代表俄罗斯联邦政府的利益。

第55条 对代理人的要求

1.律师和具有完全行为能力、不在监护或保护之下并具有高等教育学历的人,方可在行政案件中成为代理人。

(本款由2016年6月2日第169号联邦法律修订)

2.下列人员不得在法院担任代理人:法官、侦查员、检察长以及联邦法律规定不得作为代理人参与诉讼的人员,但作为有关机关的代理人或法定代理人参加诉讼的除外。协助进行行政案件的司法人员也不得成为行政案件参加人的代理人。

3.律师应该向法院提交证明其依照联邦法律具有律师资格及其权限的文件,而其他代理人应该向法院提交证明其本人教育程度、法律地位和权限的文件。

(本款由2016年6月2日第169号联邦法律修订)

49

第 56 条 代理人的权限

1. 代理人有权以被代理人的名义实施所有的诉讼行为,而在必须由代理人参加行政案件的情况下,代替被代理人实施所有诉讼行为,但由被代理人进行解释和说明以及在法院认为必要时要求被代理人参加实施诉讼行为的情形除外。

2. 在被代理人签发的委托书或其他文件中,应该专门约定代理人实施主要诉讼行为的权利,以及独立实施诉讼行为的权利或经被代理人同意方能实施诉讼行为的权利。委托书还应约定以下权利:

(1) 在行政诉状上和答辩状上签字并提交法院;

(2) 申请实施行政诉讼保全;

(3) 提出行政反诉;

(4) 订立和解协议或双方当事人就行政案件事实情况达成协议;

(5) 完全或部分放弃行政诉讼请求或承认诉讼请求;

(6) 变更行政诉讼标的或理由;

(7) 向他人移交代理人权限(转委托);

(8) 在要求根据新发现的情况对法院裁决进行再审的申请书上签字;

(9) 对法院裁定提出申诉;

(10) 提交进行追索的执行文件;

(11) 领取所判的资金或其他财产。

3. 在俄罗斯联邦中央选举委员会颁发的委托书中,可以专门约定代理人对行政案件提出结论的权利。

第 57 条 代理人权限的办理和证明

1. 法定代理人的权限由他们向法院提交的证明其法律地位和

权限的文件证明。

2. 国家权力机关、其他国家机关和地方自治机关的领导人的权限，由他们向法院提交的证明其职务地位的文件证明。

3. 在联邦法律、其他规范性法律文件或组织的设立文件规定的权限范围内以组织的名义进行工作的组织领导人的权限，由他们向法院提交的证明其职务地位的文件以及组织的设立文件或其他文件证明。

4. 律师在法院代理行政案件的权限由有关律师组织颁发的律师函予以证明，而在法律规定的情况下也可以由委托书证明。

（本款由2016年6月2日第169号联邦法律修订）

5. 其他代理人在法院代理行政案件的权限应该在依照联邦法律颁发或办理的委托书中表示，而在俄罗斯联邦的国际条约或联邦法律规定的情况下，可以在其他文件中表示。代理人的权限还可以由被代理人在审判庭以口头申请的方式表示，对此应记入审判庭笔录，被代理人也可以向审判庭提出书面申请。如果对代理人有专业技术水平要求，代理人还应向法院提交证明符合这些要求的相应文件。

6. 以组织的名义颁发的委托书应该由该组织的领导人或组织的设立文件授权的人签字并加盖组织的印鉴。

7. 以个体经营者名义颁发的委托书，由个体经营者签字并加盖他的印章，也可以依照本条第8款的规定进行证明。

8. 公民授权的代理行政案件的委托书，应该进行公证或者由委托人学习、工作或服役的组织的公职人员进行证明，也可以由管理单元楼房的住房所有权人合伙、住房合作社、住房建筑合作社或其他专门消费合作社证明，还可以由委托人住所地的管理组织、委托人所在的居民社会保护机构的行政部门以及住院医疗机构的行政部门证明。军人、部队工作人员、军事院校工作人员及其家属授权的委托书,由相应部队、军团、机构和军事院校的指挥员(首长)证明。处于羁押场所或剥夺自由场所的人员的委托书由相应机构的首长证明。

第 58 条　案件参加人及其代理人权限的审查

1. 法院必须审查案件参加人及其代理人的权限。

2. 法院根据对上述人员向法院所提交文件的审查解决是否允许案件参加人及其代理人参加诉讼的问题。

3. 证明代理人权限的文件及其复印件,在必要时应附于行政案卷或者将有关信息记入审判庭笔录。

4. 如果案件参加人或其代理人不提交必需的文件以证明其权限,或者提交的文件不符合本法典和其他联邦法律规定的要求,以及在本法典第 54 条和第 55 条规定的情况下,法院应拒绝承认相应人员参加行政诉讼的权利,对此应记入审判庭笔录。

5. 如果案件参加人不具有行政诉讼行为能力,又未委托代理人或者其法定代理人由于法定理由无权在法院代理行政案件,则法院中止行政诉讼,并向有关机关和人员提出委托代理人或更换法定代理人的建议。

第六章 证据和证明

第 59 条 证据

1．行政案件的证据是依照本法典和其他联邦法律规定的程序取得的关于法院据以确定存在还是不存在证明案件参加人的请求或抗辩的事实情况，以及存在还是不存在对正确审理和解决行政案件有意义的情况的信息材料。

2．允许作为证据的有案件参加人的解释、证人的证言，包括使用视频设备所获得的证人证言，以及书证、物证、录音录像、鉴定人的结论、电子文件。

3．违反联邦法律取得的证据不具有法律效力，不得作为法院判决的依据。

第 60 条 证据的关联性

法院只接受对审理和解决行政案件有意义的证据。

第 61 条 证据的可采性

1．如果证据符合本法典第 59 条规定的要求，则证据是可采信的证据。依法应该通过一定证明手段证明的行政案件情节，不得用任何其他证据予以证明。

2．法院根据案件参加人的书面申请认定证据不可采信，或者主动认定证据不可采信。

3．在审理行政案件证据排除申请时，证明责任在提出申请的一方。

第 62 条　证明责任

1. 案件参加人必须证明自己据以提出请求或者抗辩的情节，但本法典规定双方当事人分担行政案件证明责任的不同办法的情形除外。

2. 如果承担国家权力或其他公权力的机关、组织和公职人员的规范性法律文件、含有立法解释并具有规范性质的文件、决定、行为（不作为）的合法性被提出异议，证明责任由相应机关、组织和公职人员承担。上述机关、组织和公职人员还应证明他们用来作为抗辩根据的事实。在这种行政案件中，向法院提出请求维护他人或不定范围人群权利和合法利益的原告、检察长、机关、组织没有义务证明被他们提出异议的规范性法律文件、决定、行为（不作为）的违法性，但他们必须：

（本款由 2016 年 2 月 15 日第 18 号联邦法律修订）

（1）指出该文件、决定、行为（不作为）违反了什么规范性法律文件；

（2）证明被提出异议的规范性法律文件、决定、行为（不作为）侵犯了或可能侵犯原告或不定范围人群的权利、自由和合法利益或者存在产生此种侵犯的现实威胁的信息材料；

（3）证明原告、检察长、机关、组织和公民作为自己请求理由的其他事实。

3. 对正确审理和解决行政案件有意义的情节由法院依照应对有争议的行政法律关系适用规范性法律文件，从案件参加人的请求和抗辩出发予以确定。同时，在对国家权力机关、其他国家机关、地方自治机关以及具有某些国家权力或其他公权力的组织、公职人员、国家工作人员或自治地方工作人员通过的规范性法律文件、决定、行为(不作为)提出异议的行政案件中,以及在维护俄罗斯联邦公民的选举权和参加全民公决权利的行政案件中,法院不受行政案件所提出诉讼请求的理由和根据的约束。

第63条 证据的调取

1. 为了正确解决行政案件,法院有权根据案件参加人的申请调取证据或者主动调取证据。对法院所取得的文件,如果案件参加人没有这些文件,则法院应给他们发送文件的复印件。

2. 关于调取证据的事宜,法院应作出裁定,在裁定中应指出提交该证据的期限和程序。裁定书的副本应最迟于作出裁定的次日发给案件参加人、法院所调取证据的占有人。必要时根据法院的要求,所调取的证据可以交到持有法院调取证据文件的人手里。

3. 占有法院所调取证据的人,应该立即将证据交到法院或者交给持有调取文件的人,由他转交给法院。

4. 如果被法院调取证据的人根本不可能提交证据或者不可能在法院规定的期限内提交证据,则该人必须在收到法院调取证据的裁定和(或)调取文件之日起的5日内将此情况通知法院,并说明不能提交所调取证据的原因。

5. 如果不将根本不可能提交证据或不可能在法院规定的期限内提交证据的事宜通知法院或者由于法院认为没有正当原因而不履行提交法院所调取证据的义务,则对被调取证据的人应依照本法典第122条和第123条规定的程序和数额科处诉讼罚金。

6. 科处诉讼罚金不免除被调取证据的人向法院提交证据的义务。

第 64 条　免于证明的根据

1. 法庭认为属于公认的情况,不需要证明。

2. 对以前已经审结的民事案件或行政案件或者仲裁法院审结的案件所作出的已经发生法律效力的判决所确定的情况,不再进行证明,在法院审理这些情况所涉及的案件参加人或者有关的一类人参加的行政案件时,对上述情况不得再提出异议。

3. 已经发生法律效力的刑事案件判决、法院对该案所作的其他裁决以及法院对行政违法案件的裁决,如果是对人作出的,在法院审理关于该人行为的行政法律后果的行政案件时,则只有在是否发生过一定的行为或该行为是否由该人实施的问题上才具有强制力。

第 65 条　双方当事人承认的情况免于证明

1. 双方当事人由于在法庭或庭外达成协议而均承认的情况,以及一方当事人承认而另一方当事人据以提出请求或者抗辩的情况,法院作为不需要证明的事实予以接受。

2. 双方当事人就事实情况达成的协议,应该以当事人书面形式的声明予以证明。

3. 一方当事人对情况的承认可以用口头或书面形式叙述。双方当事人就情况达成协议或一方对情况表示承认,以及一方当事人以口头形式对情况的承认,均应记入审判庭笔录,由双方当事人或一方当事人签字。关于双方当事人就情况达成协议的声明,以及一方以书面形式对情况的承认,均应附于行政案卷。

4. 如果双方当事人或一方当事人按照本条规定的程序承认的或证明的情况被法院所接受,则这些情况不需要在行政诉讼中进行审查。

5.如果法院有理由认为双方当事人就情况达成协议或一方承认情况是为了掩盖真实情况,或者是在欺骗、暴力威胁、善意误解影响下达到的,则法院不接受双方当事人的协议或一方当事人的承认,对此应作出裁定,而在这种情况下,有关情况还需要进行证明。

第 66 条　法院委托

1.如果依照本法典第 63 条规定的程序审理行政案件的法院不能取得属于其他法院管辖区域内的证据,则法院有权向相关法院或下级法院发出实施一定诉讼行为的委托(以下称法院委托),对此应作出裁定。

2.在法院委托的裁定中应简短地叙述所审理行政案件的内容,指出关于双方当事人、他们的住所地或所在地、应该查明的情况、执行法院委托的法院必须搜集的证据。裁定书的副本最迟应在裁定作出后的第一个工作日送交接受委托的法院。

3.法院委托的裁定对于执行法院委托的法院具有强制力,该法院应该在收到裁定书副本之日起的一个月内完成委托事宜。

4.在履行法院委托期间,行政诉讼中止。

第 67 条　完成法院委托的程序

1.法院应该依照本法典规定的规则在审判庭完成法院委托。应将开庭的时间和地点通知案件参加人。上述人收到通知而不到庭的,不妨碍开庭,但与法院委托的实质相抵触的情形除外。

2.关于完成法院委托的事宜法院应作出裁定,并应将裁定与笔录和完成法院委托搜集到的证据立即转交给发出委托的法院。如果法院委托由于接受委托的法院意志以外的原因不可能立即完成,则法院应在裁定中予以说明。

3. 如果案件参加人、证人或鉴定人分别向完成法院委托的法院进行了解释、提供证言或鉴定结论，又出庭参加行政案件的审理，则他们按一般程序进行解释、提供证言和鉴定结论。

第 68 条　案件参加人的解释

1. 案件参加人以书面形式或口头形式作出关于他们所知悉的对正确审理和解决行政案件有意义的情况的解释。按照法院的提议，案件参加人可以采用书面形式叙述自己的解释。以书面形式所作出的解释，应附于行政案卷。

2. 案件参加人的解释应该与其他证据一道进行审查和评价。

第 69 条　证人的证言

1. 证人的证言是证人以口头形式向法院叙述的关于他所知悉的对正确审理和解决行政案件有意义的情况的信息材料。按照法院的提议，以口头形式提供证言的证人，可以采取书面形式叙述证言。以书面形式提供的证言，应附于行政案卷。

2. 如果证人不能指出自己证言的信息来源，则证人所提供的信息材料不是证据。

3. 如果证人的证言是基于他人的说法，则应该对这些人进行询问。

4. 证人可以根据案件参加人的申请到庭，也可以由法院主动传唤证人到庭。

5. 在要求传唤证人的申请中，案件参加人必须说明证人能够证明哪些对正确审理和解决行政案件有意义的情况，指出证人的姓名、住所地和他所知悉的传唤证人到庭所必需的其他信息材料。

6. 法院可以主动传唤参加过法院正在作为书证审查的文件起草人作为证人，或者参加过制造或改变法院正在作为物证审查的物体的人作为证人。

第70条 书证

1. 书证是含有关于对行政案件有意义的情况的信息材料的文件、合同、证明书、邮件,其他通过传真、电子邮件或其他邮件方式获得的包括通过互联网、视频渠道(在有技术条件的情况下通过文件、材料传输)或者以其他能够确定文件真实性的方式获得的用数字、图表记录的其他文件和材料。书证还包括法院裁决、审判庭笔录、实施具体诉讼行为的笔录及其附件(图表、地图、计划、图纸)。

2. 应该向法院提交书证原件或经过适当方式认证的复印件。如果与行政案件有关的只有文件的一部分,则可以向法院提交经过认证的该部分文件的摘录。

3. 如果依照联邦法律或其他规范性法律文件行政案件的情况只能用文件的原件证明,以及如果根据法院的要求没有文件原件就不能审理行政案件,或者已经提交的同一份文件的几份复印件内容不一致,则应该向法院提交文件的原件。

4. 向法院提交的证明实施具有法院意义的行为的文件,应该符合对该类文件规定的要求。

5. 向法院提交的书证,如果全部或部分是用外文制作的,则应该附具经过适当方式认证的俄文译文。

6. 在外国取得的文件,如果不能推翻其真实性并且按规定程序进行了认证,则可以在法院成为书证。

7. 在俄罗斯联邦签订的国际条约规定的情况下,外国官方文件可以不必经过认证而在法院作为书证。

8. 书证应附于行政案卷。依照联邦法律应该保存在其永久保管地或临时保管地的文件,不得附于行政案件材料。

第71条　文件原件的退还

1. 行政案件中所有的作为书证的文件原件,在法院审查书证后或终结行政案件审理的法院裁判生效以后,则可以根据提交人的申请退还提交人,但这些文件应该转交他人的情形除外。

2. 只有当法院得出结论认为文件原件的退还对行政案件的正确审理没有损害时,才可以在文件审查后将文件退还给提交人。

3. 如果文件的原件退还给提交人,则行政案卷中应保留经过法院认证的这些文件的复印件。

第72条　物证

1. 物证是就外观、性能、所在地或其他特征可能成为确定对行政案件有意义的情况的物体。

2. 对行政案件附具物证的事宜,法院应作出裁定。

第73条　物证的保管

1. 物证应在法院保管,但联邦法律有不同规定的除外。

2. 可以运送到法院的物证,在其所在地保管或在法院指定的地方保管。法院应该进行勘验和详细描述,必要时还应加封。在勘验过程中可以对物证进行照相、制作物证勘验录像。法院和物证的保管人应采取措施保管物证状态不发生改变。

3. 物证保管费用依照本法典第十章规定的规则由双方当事人分摊。

第74条　书证和物证的就地审查和勘验

1. 书证和物证如果不可能或者难于运送到法院,则应在其所在地或法院指定的其他地方进行审查和勘验。关于就地审查和勘验证据的事宜,法院应作出裁定。

2. 证据审查和勘验的时间和地点应通知案件参加人及其代理

人。如果已经将书证和物证审查和勘验的时间和地点通知案件参加人及其代理人,则他们不到庭不妨碍审查和勘验的进行。

3. 必要时,在书证和物证审查和勘验的时候还可以传唤证人、鉴定人、专家和翻译人员。

4. 就地审查和勘验书证和物证的结果应依照本法典第205条和第206条规定的程序记入笔录。笔录应附具在勘验时制作的计划、图表、图纸、计算书、文件复印件以及勘验时制作的录音和录像载体、书证和物证的照片以及书面形式的鉴定人的结论、专家的说明。

5. 易损坏物证的审查和勘验应依照本条规定的程序立即在其所在地进行。

第75条　法院所占有物证的处分

1. 法院所占有的物证,如果物证不应该移交给他人,则根据提交人的申请在法院进行审查和勘验后予以返还。如果法院得出结论认为对法院正确审查和解决行政案件没有损害,则物证也可以返还给提交人。

2. 法院有权保存物证,直至终结行政案件审理的法院裁判发生法律效力。

3. 依照联邦法律不得为个人所有或占有的物证,应上交给相应的组织。

4. 对物证的处分,法院应作出裁定,对裁定可以提出申诉。

第76条　录音和录像

1. 提交电子载体或其他载体上的录音和(或)录像或者申请调取录音或录像的个人或组织,必须指出何人何时在何种条件下进行了录制。

2.录音和录像的载体应在法院保管。法院应采取措施保证它们处于不改变的状态。

3.在特殊情况下,在法院判决生效以后,录音和录像的载体可以返还给提交的个人或组织。在向上述个人或组织返还录音和录像载体时,行政案卷中应保存复制品。

4.根据案件参加人的申请,可以向他们提交录音和录像的复制品,费用由他们负担。

5.关于返还录音、录像载体的事宜,法院应作出裁定,对裁定可以提出申诉。

第77条 指定鉴定

1.行政案件审理过程中如果产生需要专业知识的问题,法院应指定鉴定。鉴定可以委托鉴定机构、一名或几名鉴定人进行。

2.法院可以根据案件参加人的申请指定鉴定或者主动指定鉴定。如果法律规定必须进行鉴定,或者鉴定的进行对于审查固定证据的申请是必须的,或者需要进行补充鉴定或重复鉴定,或者为了查明行政案件的情况和提交的证据而必须进行鉴定,则法院主动指定鉴定。

3.案件参加人有权向法院提出鉴定需要解决的问题。需要鉴定解决的最后问题清单及其内容由法院作出裁定。法院驳回案件参加人提出的问题时,应该在指定鉴定的裁定中说明理由。

4.案件参加人有权:

(1)申请在具体某个鉴定机构进行鉴定,或者聘请他们建议的人员作为鉴定人;

(2)说明需要鉴定的问题;

(3)了解法院关于指定鉴定的裁定;

(4)申请向鉴定人提出补充问题;

(5)向鉴定人作出解释;

(6)了解鉴定结论或关于不可能提出结论的报告;

(7)申请进行补充鉴定、重复鉴定、综合鉴定或者集体鉴定。

5. 如果当事人逃避参加鉴定,不提交鉴定必须的文件和材料以及根据行政案件的情况没有该方当事人参加便不可能进行鉴定,法院根据是哪一方当事人逃避参加鉴定,以及鉴定对该方具有什么意义,有权认定鉴定应查明的事实已经得到了确定或者已经被推翻。

6. 在进行鉴定期间,行政诉讼中止。

第78条 指定鉴定裁定书的内容

1. 关于指定鉴定或者驳回鉴定申请的事宜,法院均应作出裁定。

2. 指定鉴定裁定书应该指出:

(1)指定鉴定的根据;

(2)应该进行鉴定的鉴定人的姓名或鉴定机构的名称;

(3)向鉴定人提出的问题;

(4)提供给鉴定人掌握的文件和材料;

(5)在鉴定时处理文件和材料的特殊条件,如果这种条件是必需的;

(6)应该进行鉴定和向法院提交相关结论的期限。

3. 如果驳回案件参加人所提出的某个问题,则在指定鉴定的裁定书中应该指出驳回该问题的理由。

4. 如果鉴定是根据案件参加人的申请指定的,而该参加人又不免除缴纳鉴定费,则指定鉴定的裁定书中还应指出,该人应在法院规定的期限内向本法典第109条规定的账户汇入应该支付给鉴定人的金额,金额由当事人与鉴定人的协议决定。

5. 在指定鉴定的裁定中,法院应向鉴定人说明故意提供虚假鉴定结论应负的刑事责任以及在本法典第40条第12款规定的情况下科处诉讼罚金。

第79条 进行鉴定的程序

1. 鉴定由作为国家鉴定机构工作人员的鉴定人根据该机构领导人的委托进行,或者由法院委托的个别鉴定人进行。

2. 鉴定可以在审判庭进行,如果鉴定的性质要求,或者不可能或者难于将鉴定的文件或材料送到审判庭进行鉴定,鉴定也可以在审判庭外进行。

3. 进行鉴定时,案件参加人可以在场,但他们在场会妨碍鉴定进行的情形除外。鉴定人举行会议或制作结论时,案件参加人不得在场。

第80条 集体鉴定

1. 集体鉴定至少由两个以上具有某一领域专业知识的鉴定人进行。关于鉴定的集体性质,法院应作出裁定。

2. 如果根据鉴定的结果,鉴定人的意见相同,则鉴定人制作统一的鉴定结论。如果发生意见分歧,则不同意其他一位或几位鉴定人意见的鉴定人就产生分歧意见的一个或几个问题提出其单独的鉴定结论。

第81条 综合鉴定

1. 在确定行政案件的相关情况时,如果产生了需要不同领域的专业知识才能进行鉴定的问题,或者需要同一知识领域不同门类的知识才能进行鉴定的问题,则法院指定综合鉴定。

2. 综合鉴定应委托几名鉴定人进行。

3. 参加综合鉴定的鉴定人结论应该指出每个鉴定人进行鉴定的内容和鉴定量,每个鉴定人确定了何种事实,得出何种结论。参加综合鉴定的每个鉴定人均应在表述他所进行的鉴定的那部分鉴定结论上签字并对该部分承担责任。

4. 负责评价所得出的鉴定结果和形成结论的鉴定人提交共同的结论。不参加形成共同结论的或不同意共同结论的鉴定人,仅在他所作鉴定的那部分结论上签字并对该部分承担责任。

第 82 条 鉴定结论

1. 根据进行的鉴定及其结果,鉴定人(集体鉴定人)以书面形式提交鉴定结论并在鉴定结论上签字,但本法典有不同规定的除外。如果鉴定是在审判庭进行的,则鉴定人提供口头结论。

2. 鉴定结论应该包含下列内容:

(1)进行鉴定的日期、时间和地点;

(2)进行鉴定的根据;

(3)接受鉴定委托的鉴定机构或鉴定人的信息材料(姓名、文化程度、专业、工龄、学位和学衔、职务);

(4)说明故意提供虚假鉴定结论应承担刑事责任的事项;

(5)向鉴定人提出的问题;

(6)向鉴定人提供的鉴定客体和行政案件材料;

(7)鉴定时在场人员的信息材料;

(8)鉴定的描述和鉴定结果,并指出所使用的方法;

(9)对向鉴定人所提出问题的结论和结论的依据;

(10)其他必要的信息材料。

3. 说明鉴定结论的文件和材料应附于鉴定结论,为鉴定结论的一部分。

4. 如果在进行鉴定时，鉴定人确认了对他所提问题以外的情况，而他又认为对于行政案件的正确审理具有意义，则鉴定人有权在鉴定结论中提出关于这些情况的结论意见。

5. 鉴定结论应在审判庭宣读，与行政案件的其他证据一起进行审查。

6. 根据案件参加人的申请，或者法院主动，可以传唤鉴定人（包括参加集体鉴定的鉴定人）出庭。

7. 在宣读鉴定结论后，鉴定人可以就鉴定结论作出说明，并应该回答案件参加人和法庭的补充问题。鉴定人对补充问题的回答应记入审判庭笔录。

8. 鉴定结论对于法院不具有强制力，法院应按照本法典第54条规定的规则进行评价。法院不同意鉴定结论的，应该在判决或裁定中说明理由。

第 83 条　补充鉴定和重复鉴定

1. 如果鉴定结论被法院认为不充分或不明确，法院可以指定补充鉴定，补充鉴定可以委托同一鉴定人或者另外的鉴定人进行。

2. 如果对鉴定结论的可靠性产生怀疑，或者在鉴定结论中存在矛盾，法院可以就相同问题指定重复鉴定，重复鉴定应委托另外的鉴定人进行。

3. 在法院指定补充鉴定或重复鉴定的裁定中，应该说明不同意原鉴定结论的理由。

第 84 条　证据的评价

1. 法庭根据自己基于全面、充分、客观和直接审查行政案件中现有证据的内心确信对证据进行评价。

2. 任何证据对法庭都不具有事先确定的效力。

3. 法庭单独评价每一证据的关联性、可采性、真实性,以及将它们综合在一起评价其是否充分和相互联系。

4. 如果根据证据审查结果,法庭得出结论认为证据所包含的信息材料符合实际,则证据被认为是真实的。

5. 法庭在评价文件和其他书证时,必须考虑其他证据确认该文件或其他书证确实出自被授权提交该类书证的机关,确系由具有签字权的人员签字,包含该类证据不可分割的形式要件。

6. 在评价文件或其他书证的复印件时,法庭应查明在文件复印时是否发生过较之原件的内容改变,借助于何种技术手段进行复印,复印是否保证文件的复印件与原件的完全一致,用什么方法保管了文件的复印件。

7. 如果原件遗失或者未向法庭提交文件或其他书证的原件,而案件参加人提交的该文件的复印件相互之间不完全一致,又不可能借助于其他证据证明文件原件的内容,则法庭不得仅根据文件或其他书证的复印件认为情况已经被证明。

8. 法院必须在自己的判决中反映证据评价的结果,判决应叙述根据哪些证据说明法院结论的理由,哪些证据被法庭推翻,以及一些证据优于另一些证据的根据是什么。

第七章 行政诉讼的保全措施

第 85 条 行政诉讼保全措施的适用

1. 根据原告或为维护他人利益或不定人群利益而向法院提出请求的其他人的申请,有下列情形之一的,法院可以采取行政诉讼保全措施:

(1)在法院作出行政案件判决前,明显存在侵害原告或行政诉状要求维护的不定人群的权利、自由和合法利益的危险;

(2)不采取这种措施将不可能或难于维护原告的权利、自由和合法利益。

2. 在本条第 1 款规定的情况下,如果本法典不禁止在某些种类的行政案件中采取诉讼保全措施,则法院可以完全或部分中止被提出异议的决定的效力,采取行政诉讼的其他保全措施。

3. 行政诉讼保全措施不包括中止享有相关权力的机关或公职人员所作出的决定或其他规范性法律文件的效力,也不包括中止被提出异议的行为的实施。

4. 行政诉讼保全措施应该与所提出的请求相关联和程度相当。

第 86 条 关于采取行政诉讼保全措施的申请

1. 关于采取行政诉讼保全措施的申请,可以与行政诉状一起向法院提出,或者在行政案件开始实体审理前提出,也可以在行政案件判决生效前提出。要求采取行政诉讼保全措施的申请也可以在行政诉状中提出。

2. 要求采取行政诉讼保全措施的申请应该指出：

(1) 接受申请的法院；

(2) 关于原告和被告的信息材料(名称或姓名,所在地或住所地,关于他们已知的其他信息材料,包括电话号码、传真号码和电子邮件地址)；

(3) 行政诉讼标的；

(4) 向法院请求采取诉讼保全措施的原因并论证这种原因；

(5) 申请人要求采取的行政诉讼保全措施；

(6) 申请所附的文件清单。

3. 要求采取行政诉讼保全措施的申请应由申请人签字。由原告的代理人签字的申请,应附具委托书或者证明代理人签字权的其他文件。

4. 如果要求采取行政诉讼保全措施的申请直接在行政诉状中提出,该申请还应指出本条第2款第(4)项和第(5)项规定的信息材料。

第87条　要求采取行政诉讼保全措施申请的审理

1. 要求采取行政诉讼保全措施的申请在第一审法院和上诉审法院由法官独任审理。

2. 如果要求采取行政诉讼保全措施的申请不符合本法典第86条规定的要求,法院应根据本法第130条对申请搁置不予审理,对此应立即通知申请人。

3. 法院最迟应在收到要求采取行政诉讼保全措施的申请后或者在排除法院所发现的缺陷后的第一个工作日审理要求采取行政

诉讼保全措施的申请。

4. 如果采取行政诉讼保全措施的根据不存在,则可以驳回采取行政诉讼保全措施的申请。

5. 关于采取行政诉讼保全措施或者驳回有关申请的事宜,法院应作出裁定,裁定应立即送交案件参加人。

6. 对行政诉状中提出的行政诉讼保全措施的申请,法院最迟应在受理行政诉状之后的第一个工作日审理,并依照本条规定的程序与行政诉状中提出的其他请求和申请分开进行审理。

第88条 法院关于采取行政诉讼保全措施裁定的执行

1. 法院关于采取行政诉讼保全措施的裁定,应该依照对法院裁判规定的执行程序立即执行。

2. 对不执行法院关于采取行政诉讼保全措施的裁定的过错人,可以依照本法典第122条和第123条规定的程序和数额处以诉讼罚金。

第89条 行政诉讼保全措施的撤销

1. 行政诉讼保全措施可以由法院主动撤销或者根据案件参加人的申请予以撤销。

2. 案件参加人要求撤销行政诉讼保全措施的申请,应在法院收到申请之日起的5日内由法院开庭审理。应将开庭的时间和地点通知案件参加人。案件参加人收到开庭的时间和地点通知而不到庭的,不妨碍要求撤销行政诉讼保全措施申请的审理。

3. 如果行政诉讼请求被驳回,则已经采取的行政诉讼保全措施保留到法院判决生效之时。但法院可以在作出判决的同时或在作出判决之后作出撤销行政诉讼保全措施的裁定。如果行政诉讼请求被满足,则已经采取的行政诉讼保全措施保留到法院判决执行之时。

4. 关于要求采取行政诉讼保全措施申请的审理结果,应作出裁定,裁定书的副本应立即送交案件参加人。

第 90 条　对法院关于采取行政诉讼保全措施裁定的申诉

1. 对法院关于采取行政诉讼保全措施的裁定,可以提出申诉。

2. 对法院关于采取行政诉讼保全措施的裁定提出申诉,不终止该裁定的执行。在对法院关于撤销行政诉讼保全措施的裁定提出申诉时,该裁定中止执行。

第 91 条　行政诉讼保全措施的变更

允许根据案件参加人的申请和依照本章规定的程序变更行政诉讼保全措施。

第八章 诉讼期限

第 92 条 诉讼期限的计算

1. 诉讼行为应在本法典规定的诉讼期限内实施。如果本法典未规定诉讼期限,则诉讼期限由法院指定。法院应根据合理性原则规定诉讼期限。

2. 诉讼期限按日期、必然发生的事件或期间规定。在最后一种情况下,诉讼行为可以在整个期间内实施。

3. 按年、月或日计算的诉讼期限,于日期之后或确定事件开始发生之后的次日开始计算。

4. 按小时计算的诉讼期限,从日期或确定事件开始发生之后开始计算。

5. 如果诉讼行为应该立即实施,则诉讼期限的计算自日期到来或确定事件发生之后立即计算。

第 93 条 诉讼期限的终结

1. 以年计算的诉讼期限,在诉讼期限规定年份相应月份的最后一日终结。按月计算的诉讼期限,在规定期限最后一个月的相应日期终结。如果按月计算的诉讼期限结束的月份没有相应的日期,则诉讼期限于该月的最后日期终结。

2. 如果诉讼期限的最后一日是非工作日,则诉讼期限于该日期之后的第一个工作日终结。

3. 按小时计算的诉讼期限,在规定诉讼期限的最后一个小时终止时终结。

4. 规定了实施诉讼期限(但按小时计算的诉讼期限除外)的诉讼行为,可以在诉讼期限最后一日的 24 时前实施。如果申诉、文件或金钱于诉讼期限最后一日的 24 时前交付邮政组织,则认为期限没有迟误。

5. 如果诉讼行为应该在法院或其他组织立即实施,则诉讼期限于该法院或该组织按规定终止工作日或终止相关业务的小时届满。

第 94 条 迟误诉讼期限的后果

1. 随着法典规定的或法院指定的诉讼期限的届满,实施诉讼行为的权利即告丧失。

2. 诉讼期限届满后提交的申诉和文件,如果未申请恢复诉讼期限,则法院不予审理并退回提交人。

第 95 条 被迟误诉讼期限的恢复

1. 对于因法院认为正当的原因而迟误了本法典规定的诉讼期限的人,诉讼期限可以恢复。在本法典规定的情况下,不论迟误的期限如何,迟误的诉讼期限均不得恢复。

2. 要求恢复迟误的诉讼期限的申请应提交给应该实施诉讼行为的法院,但本法典有不同规定的除外。申请中应该说明迟误诉讼期限的原因。申请还应附具证明这些原因正当性的文件。申请的审理不通知案件参加人。考虑到诉讼问题的性质和复杂程度,法院有权传唤案件参加人到庭,但事先应将开庭的时间和地点通知案件参加人。

3. 在提交恢复诉讼期限申请的同时,应该实施必要的诉讼行为(提出告诉、申请、提交文件)。

4. 对法院恢复迟误的诉讼期限的裁定或者驳回该申请的裁定,可以提出申诉。

第九章 诉讼通知和传唤

第 96 条 法院通知的方式

1. 对案件参加人以及证人、鉴定人、专家和翻译人员,法院应该用有回执的挂号信或有回执的法院传票、有回执的电话或电报、传真以及其他法院能够确信收件人已经收到通知或传票的通讯手段进行通知和传唤。案件参加人如果同意,也可以通过手机短信息或通过电子邮件送达通知或传票。案件参加人同意通过手机短信息通知或电子邮件通知的事项,应该用收条证明,收条除关于该人的信息材料外,还要说明他表示同意使用这种方式进行通知,此外应指出接收通知的手机号码或电子邮件地址。

2. 法院传票是法院通知和传唤的形式之一。应将开庭或实施各项诉讼行为的时间和地点用法院传票通知案件参加人。在寄送法院传票或挂号信的同时,还应将诉讼文件副本一并送交案件参加人。也可以通过法院传票传唤证人、鉴定人、专家和翻译人员到庭。

3. 法院通知的交付时间和传唤案件参加人的时间,应该使案件参加人有足够的时间对行政案件进行准备以及能够及时到庭。

4. 给案件参加人的法院通知,应该按照案件参加人或其代理人指定的地址寄送。如果公民实际上并不在该地址居住,则法院通知可以寄送到其工作地点。

5. 给组织的法院通知,应按其所在地寄送。如果组织的设立文件有相关规定,给组织的法院通知还可以发送到其代表处或分支机构所在地。

6. 对外国人也应按本条规定的规则送达通知,但俄罗斯联邦的国际条约有不同规定的除外。

7. 关于受理行政诉状、申诉或申请的信息材料以及关于开庭和实施诉讼行为的时间和地点的信息材料,法院最迟应在开庭前或实施具体诉讼行为前5日在相关法院的网站上公布,但本法典有不同规定的除外。

第97条 法院传票和法院其他通知的内容

1. 法院传票和法院其他通知应该包含如下内容:

（1）法院的名称和地址;

（2）开庭的时间和地点;

（3）收件人,即被通知人或被传唤人的名称;

（4）收件人以什么身份被通知或被传唤;

（5）通知和传唤所涉及的行政案件的名称;

（6）对依法必须参加法庭审理或者法院认为必须参加法庭审理的人,应指出其必须出庭的义务,以及在不能出庭时必须在法庭审理开始前进行报告并说明不能出庭的正当原因和提交证明不出庭原因正当性的文件的义务,并说明本法典规定的不履行上述义务的后果。

（7）对于不是必须参加法庭审理的人员,指出有义务在法庭审理开始前将不到庭的事项通知法院,并指出不履行这一义务时应承担本法典规定的后果。

2. 在送交案件参加人的法院传票或法院其他通知中,应建议他们向法院提交他们所有的行政案件证据,以及指出不提交证据和经通知和传唤而不到庭的后果,并说明必须向法院说明不到庭的原因。

3. 在向被告发出法院传票或法院其他通知的同时,法院还应向他送交行政诉状的副本,而在向原告发出法院传票或法院其他通知的同时,如果法院已经收到书面答辩状,还应该向他送交被告的答辩状副本。

第 98 条　法院传票和法院其他通知的送达

1. 法院传票或法院其他通知通过邮局或法院委托的人员送达。送达收件人的时间应该按邮政组织规定的方式确认或用文件形式确认,文件应送还法院。

2. 经案件参加人同意,法官可以将法院传票或法院其他通知交付到他手里或者发给其他被通知或被传唤到法院的人。法院委托送达法院传票或法院其他通知的人员,必须将法院传票的存根或法院其他通知的复印件连同收件人的收条一并交回法院。

第 99 条　法院传票的交付

1. 给公民的法院传票,应交给本人,并由他在应该送回法院的存根上签收。给组织的法院传票,应交给相应的公职人员,该公职人员也应在存根上签收。

2. 如果送交法院传票的人到达时,公民没有在其住所地,则法院传票经收件人本人同意可以交付给与之共同生活的家庭成员,以便随后转交给收件人。

3. 如果具有行政诉讼行为能力的公民、外国公民或无国籍人因本法典第 1 条第 3 款第(4)项至第(8)项规定的行政案件而被传唤,则法院传票上应加注"必须交付收件人本人"。如果上述人不具有行政诉讼行为能力,则法院传票应交付给其法定代理人。不允许将行政案件传票交付其他人。

4. 如果收件人临时不在,送交法院传票的人应该在传票的存根上说明收件人前往何处以及何时返回。

5. 如果收件人下落不明,有关事项也应在法院传票上注明,并指出所实施行为的日期和时间以及信息来源。

第 100 条　拒绝接受法院传票或法院其他通知的后果

1. 如果收件人拒绝接受法院传票或法院其他通知,则送交人员应在退回法院的相应法院传票或其他通知上进行加注。

2. 拒绝接受法院传票或法院其他通知的收件人,被认为已经收到关于法庭审理和实施诉讼行为的时间和地点的通知。

第 101 条　行政案件审理期间地址的变更

行政案件审理期间地址变更的,案件参加人应该将地址变更的事宜通知法院。如果不进行通知,法院传票或法院其他通知即按照收件人最后已知住所地或所在地进行送交并认为已经送达,即使收件人已不在该地址居住或办公。

第 102 条　被告下落不明

如果被告下落不明,则法院应在自被告最后已知所在地收到相关信息后开始行政案件的审理。

第十章 诉讼费用

第 103 条 诉讼费用

1. 诉讼费用包括国家规费和与行政案件审理有关的费用。

2. 缴纳国家规费的数额和程序由俄罗斯联邦的税费立法规定。

第 104 条 缴纳国家规费的优惠，减免、延期缴纳或分期缴纳国家规费的根据和程序

1. 缴纳国家规费的优惠情况和程序由俄罗斯联邦的税费立法规定。

2. 减少、免除、延期缴纳或分期缴纳国家规费的根据和程序依照俄罗斯联邦的税费立法规定。

第 105 条 返还或冲销国家规费的根据和程序

返还或冲销国家规费的根据和程序依照俄罗斯联邦的税费立法规定。

第 106 条 与行政案件审理有关的费用

与行政案件审理有关的费用包括：

（1）应该付给证人、鉴定人、专家和翻译人员的费用；

（2）外国公民和无国籍人支付翻译服务的费用，但俄罗斯联邦的国际条约有不同规定的除外；

（3）利害关系人出庭的交通费和住宿费；

（4）代理人服务费；

（5）进行就地勘验的费用；

（6）与行政案件审理有关的以及双方当事人和利害关系人开支的邮政费用；

（7）法院承认的其他必要开支。

第107条　补偿与行政案件审理有关费用的优惠

下列人员免交与行政案件审理有关的费用：

（1）原告或被告，属于一等或二等残废的；

（2）残疾人社会团体作为原告或被告的或者在法院代表自己成员利益的；

（3）伟大卫国战争参加者、战斗行动老战士和兵役老战士作为原告或被告的；

（4）依照平均收入登记立法被承认是贫困公民的人作为原告或被告的。

第108条　应该给付证人、鉴定人、专家和翻译人员的金额

1. 对证人、鉴定人、专家和翻译人员应补偿出庭的费用（交通费、租房费和与在经常住所地以外居住而发生的额外费用即出差补助费）。

2. 对被作为证人传唤出庭的有工作的公民，应该补偿其履行证人义务的实际费用和平均工资。对被作为证人传唤出庭的没有工作的公民，应该补偿其履行证人义务的实际费用和联邦法律规定的最低劳动报酬。

3. 如果鉴定人、专家和翻译人员完成法院委托的工作不属于其作为国家机构工作人员的职责范围，应领取报酬。给付鉴定人或专家的报酬数额由法院与双方当事人协议和与鉴定人或专家协商决定。

第 109 条　双方当事人缴纳应给付证人、鉴定人、专家的费用以及用于支付与行政案件审理有关的其他费用

1. 应给付证人、鉴定人、专家的费用以及用于支付法院认为必需的与行政案件审理有关的其他费用，应由提出相关申请的当事人提前缴纳到相应的俄罗斯联邦最高法院、共和国最高法院、边疆区法院、州法院、联邦直辖市法院、自治州法院、自治专区法院、卫戍区（舰队）军事法院、俄罗斯联邦主体司法局依照预算立法规定的程序开立的账户上。如果申请由双方当事人提出，则所需费用由双方当事人均摊。

2. 如果传唤证人、指定鉴定、聘请专家和实施其他应该付费的行为是出于法院的主动，则相关费用使用联邦预算资金予以补偿。

3. 根据公民的财产状况，法院可以免除或者减少其支付本条第 1 款所规定的费用。在这种情况下，费用应由联邦预算补足。

4. 双方当事人缴纳的诉讼费用尚有结余的，应根据法院裁判返还给双方当事人。向双方当事人返还结余费用的程序由俄罗斯联邦政府规定。

第 110 条　给付证人和翻译人员的费用

1. 应该给付证人的费用，按照他们履行的义务给付，而不论双方当事人实际缴纳到本法典第 109 条第 1 款所规定账户上的诉讼费用数额。翻译人员的服务费和其出庭的费用补贴，按照他们实际履行职责的情况，使用联邦预算经费支付。

2. 翻译人员报酬的支付办法和数额由俄罗斯联邦政府规定。给付证人费用的办法也由俄罗斯联邦政府规定。

第 111 条　双方当事人分摊诉讼费用

1. 法院应判决败诉方向胜诉方支付全案的诉讼费用，但本法典第 107 条和第 109 条第 3 款规定的情况除外。在追索强制付款和罚金的案件中，诉讼费用由双方当事人按照诉讼请求得到满足的比例分摊。

2. 本条第 1 款的规则，也适用于双方当事人分摊上诉审法院和监督审法院审理行政案件的费用。

3. 如果上一审级的法院没有将案件发还重审，变更了下级法院的判决或者作出新的判决，则上一审级法院应根据本条的规则相应地变更诉讼费用的分摊。如果在这种情况下上一审级法院没有变更法院判决中关于诉讼费分摊的内容，则这个问题应该由第一审法院根据利害关系人的申请解决。

第 112 条　代理人服务费用的补偿

法院应根据胜诉方的申请，判决另一方当事人在合理范围内支付代理人服务费。如果必须给付代理人费用的一方当事人被免除缴纳，则上述费用使用联邦预算资金进行补偿。

第 113 条　在驳回行政诉讼请求与和解时诉讼费用的分摊

1. 在原告的行政诉讼请求被驳回时，被告不负担诉讼费用。原告应该补偿被告因行政诉讼所支付的费用。如果由于被告自愿满足行政诉讼请求而原告在提出行政诉状后不再坚持自己的诉讼请求，则原告为该案支付的所有费用，包括代理人服务费，应根据原告的申请由被告补偿。

2. 在订立和解协议时，双方当事人应规定分摊包括代理人服务在内的诉讼费用的办法。如果双方当事人在订立和解协议时未规定诉讼费用的分摊办法，则法院应依照本法典第 104 条、第 108

条和第 111 条解决这个问题。

第 114 条　法院因审理行政案件所开支的诉讼费用的补偿

1. 法院因审理行政案件而发生的费用和原告被免交的国家规费，在行政诉讼请求被满足的情况下，应该向不免除缴纳诉讼费的被告追索。在这种情况下追索的数额上交作为联邦预算收入。

2. 如果诉讼请求被驳回，则法院审理行政案件所发生的费用向不免除缴纳诉讼费的原告追索，并作为联邦预算收入。

3. 法院因审理行政案件而发生的诉讼费用，如果双方当事人均被免除缴纳诉讼费，则使用联邦预算资金进行补偿。

4. 法院依照本条所发生的诉讼费用进行追索的程序和数额，由俄罗斯联邦政府规定。

第 115 条　对关于诉讼费问题的法院裁定的申诉

对法院就诉讼费问题所作的裁定，可以提出申诉。

第二编 诉讼强制措施

第十一章 诉讼强制措施

第 116 条　诉讼强制措施的概念和种类

1. 诉讼强制措施是本法典规定的、对违反法庭秩序和妨碍行政诉讼进行的人所实施的行为。

2. 诉讼强制措施包括：

（1）限制法庭审理参加人发言或剥夺法庭审理参加人的发言权；

（2）警告；

（3）逐出审判庭；

（4）拘传；

（5）保证随传随到；

（6）诉讼罚金。

3. 对一个人适用诉讼强制措施不免除该人履行本法典规定的或者法院根据本法典规定的相应义务。

第 117 条　适用诉讼强制措施的根据和程序

1. 诉讼强制措施应在当事人实施相应违法行为后立即适用。

2. 对一个违法行为只能适用一次诉讼强制措施。

3. 适用本法典第 116 条第 2 款第 1 项规定的诉讼强制措施时，法庭应在审判庭笔录中指出。被适用强制措施的人提出的异议，也应记入审判庭笔录。对适用这些强制措施有异议的，可以在对法院判决进行上诉时提出申诉。

4. 关于适用本法典第116条第2款第(4)项至第(6)项规定的诉讼强制措施的事宜,法院应作出裁定。裁定应指出被适用诉讼强制措施的人、该人的住所地或居留地、适用诉讼强制措施的根据以及其他必要的信息材料,包括本法典第100条第1款规定的信息材料。对法院关于适用诉讼强制措施的裁定,可以与对法院判决的上诉分开提出申诉。

第118条 限制法庭审理参加人发言或剥夺法庭审理参加人的发言权

如果法庭审理参加人违反法庭审理发言规则,审判长有权:

(1)在法庭审理参加人涉及的问题与法庭审理无关时,应以法庭的名义限制他发言;

(2)在法庭审理参加人擅自违反发言的先后顺序、两次不执行审判长的要求、言语粗鲁或带侮辱性,或号召实施依法应受到追究的行为时,应以法庭的名义剥夺他的发言权。

第119条 警告并逐出审判庭

1. 如果法庭审理参加人违反法庭秩序,审判长有权:

(1)以法庭的名义对他宣布警告;

(2)以法庭的名义将他逐出审判庭,其在全部或部分的开庭时间内将不得进场。

2. 开庭时在场的公民,如果再次违反审判庭秩序,应根据审判长的指令逐出审判庭,整个开庭期间不准进入审判庭。

第120条 拘传

1. 如果依法必须出庭或法院认为必须出庭的人已经按应有的方式收到出庭通知但没有正当原因而不到庭,也不通知法院不到庭的原因的,如果证人已经按应有的方式再次收到出庭通知但没有正当原因而不到庭,也不通知法院不到庭的原因的,法院可以作出裁定,对之实行拘传。拘传由保障法院活动秩序和执行法律文件和其他机关文件的区域联邦行政机关(下称保障法院活动秩序和执行法律文件的区域机关)进行。拘传的费用应根据该区域机关的相应申请依照本法典第三十三章的规定追索。

2．不得对未成年人、孕妇、由于疾病、年龄或其他正当原因不能按照法院传唤出庭的人适用拘传。

3．在法院的拘传裁定中,除本法典第117条规定的信息材料外,还应指出日期、时间和地点,应将被拘传人押解到哪里,委托哪一个保障法院活动秩序和执行法律文件的区域机关进行拘传。

4．法院的拘传裁定应立即交付行政诉讼地、被拘传人住所地(所在地)、工作地、服务地或学习地的保障法院活动秩序和执行法律文件的区域机关来执行。

第121条　保证随传随到

1．对于依法必须参加法庭审理或者法院认为必须参加法庭审理的人,在必要时可以适用保证随传随到这一强制措施。

2．保证随传随到就是由本条第1款所列人员进行书面保证,保证按照法院的传唤到庭,并在住所地或居留地变更时应立即通知法院。

3．对于不执行随传随到保证的人,可以适用本法典第120条和第122条规定的强制措施。

第122条　诉讼罚金

1．在本法典规定的情况下,法院可以科处诉讼罚金。对国家权力机关、其他国家机关科处的诉讼罚金不得超过10万卢布,对地方自治机关和具有某些国家权力或其他公权力的其他机关和组织科处的诉讼罚金数额不得超过8万卢布,对一般组织不超过5万卢布,对公职人员不超过3万卢布,对国家工作人员或自治地方工作人员不超过1万卢布,对公民为不超过5千卢布。

2．法院有权对法庭表现不尊重的案件参加人和法庭审理在场人员科处诉讼罚金。如果所实施的不尊重法庭的行为不追究刑事责任,则处以诉讼罚金。

3．法院对国家机关、地方自治机关和其他机关和组织的公职人员以及国家工作人员和自治地方工作人员所处的诉讼罚金,应该使用该人的个人资金缴纳。

4．诉讼罚金上交作为联邦预算收入。

第123条　审理科处诉讼罚金问题的程序

1．科处诉讼罚金的问题由法院审判解决。

2．根据法庭审理结果,法院作出说明理由的裁定。

3．对科处诉讼罚金的裁定,被处罚人可以在收到该裁定书副本之日起的1个月内提出申诉。

第三编　第一审法院审理的一般规则

第十一·一章　关于要求发出法院支付令的行政案件的审理程序

（本章由2016年4月5日第103号联邦法律增补）

第123—1条　法院支付令

1. 法院支付令——根据要求追索强制付款和罚金的诉状由法官独任作出的法院裁判。

2. 对已经生效的法院支付令,适用本法典第16条的规定。

3. 对科处诉讼罚金的裁定,被处罚人可以在收到该裁定书副本之日起的1个月内提出申诉。

4. 法院支付令同时也是执行文件并依照执行法院判决的程序予以执行。

第123—2条　要求发出法院支付令的诉状的递交

要求发出法院支付令的诉状按照本法典规定的一般管辖规则递交。

第123—3条　要求发出法院支付令的诉状的格式和内容

1. 要求发出法院支付令的诉状和诉状所附具的文件向和解法官递交。

2. 要求发出法院支付令的诉状应该指出：

（1）接受诉状的法院的名称；

（2）追索人的名称、所在地、电话和传真号码、电子邮件地址、银行账户的形式要件；

（3）证明在要求发出法院支付令的诉状上签字权限的文件；

（4）债务人的姓名、债务人的住所地或居留地、他的认证号码之一（个人账户保险号，纳税人登记号，身份证件的序列和号码，驾照序列和号码，交通工具登记证的序列和号码），以及出生日期和地点、工作地点（如果知悉）、电话、传真号码和电子邮件地址（如果知悉）；

（5）应该追索的强制付款的名称、应付金额和计算；

（6）规定缴纳强制付款的联邦法律或其他规范性法律文件的有关规定；

（7）关于送交主动缴纳款项请求书的信息；

（8）构成罚金的金额和计算，如果罚金具有财产性质，还应说明规定罚金的规范性法律文件的有关规定；

（9）证明追索人请求的其他文件；

（10）诉状所附具文件的清单。

3. 要求发出法院支付令的诉状应附具证明文件，说明已经用附有送达回执的挂号信向债务人寄送诉状副本和所附文件，或者附具证明已经采用其他方式向债务人交付诉状和上述文件副本的其他文件，使法院确信收件人收到上述诉状和文件的副本。诉状还应附具主动缴纳款项请求书的副本。

4. 要求发出法院支付令的诉状应由本法典第287条规定的人员签字。

5. 如果俄罗斯联邦的税费立法规定缴纳国家规费，则要求发出法院支付令的诉状还应附具证明已经缴纳国家规费的文件。

第 123—4 条　退回或拒绝受理要求发出法院支付令的诉状的根据

1. 如果存在本法典第 129 条规定的根据,以及有下列情形之一的,法官应退回要求发出法院支付令的诉状:

(1) 未提交证明所提出请求的文件;

(2) 未遵守本法典第 123—3 条对要求发出法院支付令的诉状格式和内容提出的要求。

2. 要求发出法院支付令的行政诉状被退回的,在排除有关瑕疵之后,可以再次对同一债务人、以相同理由提出发出法院支付令的请求。

3. 如果存在本法典第 128 条规定的根据,以及有下列情形之一的,法官拒绝受理要求发出法院支付令的诉状:

(1) 提出的请求不是本法典第 123—1 条所规定的;

(2) 债务人的住所地或居留地在俄罗斯联邦境外;

(3) 从诉状和所附具文件可以看出对有关请求不是没有争议的;

4. 因本条第 3 款所规定的根据拒绝受理要求发出法院支付令时,不得再次向法院提出相同诉状。

5. 关于退回要求发出法院支付令的诉状或拒绝受理上述诉状时的事宜,法院均应在收到诉状之日起的 5 日内作出裁定。

第 123—5 条　作出法院支付令的程序

1. 在法院收到要求发出法院支付令诉状之日起的 5 日内,应对所提出请求的实质作出法院支付令。

2. 法院支付令根据对所提交证据进行审查的结果作出而不进行法庭审理,也不传唤双方当事人。

3. 法院支付令的副本应在作出之日起的 10 日内送交债务人，债务人在法院支付令送达之日起的 20 日内有权对法院支付令的执行提交异议。

第 123—6 条　法院支付令的内容

法院支付令应指出：

（1）诉讼号和作出法院支付令的日期；

（2）法院的名称，作出法院支付令的法官的姓名；

（3）追索人的名称和所在地；

（4）债务人的姓名，他的住所地或居留地，他的认证号码之一（个人账户保险号，纳税人登记号，身份证件的序列和号码，驾照序列和号码，交通工具登记证的序列和号码），以及出生日期的地点、工作地点（已经知道）；

（5）法院在满足请求时所依据的法律和其他规范性法律文件；

（6）应该追索的金额。

第 123—7 条　法院支付令的撤销

1. 如果在本法典第 123—5 条规定的期限内收到债务人对法院支付令执行的异议，则法官应撤销法院支付令。

2．关于撤销法院支付令的裁定应该指出，追索人有权依照本法典第三十二章规定的程序向法院提起行政诉讼。

3．关于撤销法院支付令的裁定的副本应在作出之日起的 3 日内送交追索人和债务人。

4．对于本法典第 123—5 条第 3 款规定的期限届满后收到的债务人的异议，法院不予审理，而退回提交人，但是该人说明不能按时提交异议是由于他本人意志以外的原因造成的情形除外。

第123—8条 法院支付令的交付

1. 如果债务人未在规定期限内提出异议,则向追索人交付第二份盖有法院国徽印鉴的法院支付令以准备执行。根据追索人的请求,法院支付令可以发给法警执行员执行,也可以采用电子文件的方式,电子文件应依照俄罗斯联邦立法加盖法官的专门电子签字。

2. 如果根据法院支付令是向债务人追索国家规费作为相应预算收入,则应发给加盖法院国徽印鉴的执行令,并由法院送交法警执行员执行。执行令也可以采用电子文件的形式发给法警执行员,电子文件应依照俄罗斯联邦立法的规定和办法加盖法官专门的电子签字。

3. 对法院支付令可以依照本法典第三十五章规定的程序提出上诉。

第十二章　行政诉状的提交

第 124 条　行政诉状

1. 行政诉状可以包括以下要求：

（1）要求认定被告通过的规范性法律文件全部无效或部分无效；

（2）要求认定被告通过的决定或所实施的行为（不作为）全部无效或部分无效；

（3）要求被告就具体问题作出决定或者为了排除对原告权利、自由和合法利益的侵害而实施一定的行为；

（4）要求被告必须放弃实施一定的行为；

（5）要求确定国家权力机关、地方自治机关、具有国家权力或其他公权力的其他机关和组织、公职人员存在还是不存在处理具体问题的权限。

2. 行政诉状可以包含旨在维护公法关系领域的权利、自由和合法利益的其他要求。

第 125 条　行政诉状的格式和内容

1. 行政诉状应在工作时间以书面形式提交给法院，由原告签字并指出日期，如果存在代理人并且代理人有权签字和向法院提交诉状，则该代理人也要签字。

2. 如果本法典未有不同规定，则行政诉状应该包含以下内容：

（1）接受行政诉状的法院名称；

（2）原告是机关、组织或公职人员的,则指明原告的名称、所在地；是组织的,还要包含其国家注册的信息材料；原告是公民的,应指出其姓名、住所地或居留地、出生日期和地点,在本法典规定必须有代理人参加而打算亲自办理行政案件时还应指出是否具有高等教育学历；如果行政诉状由代理人提交,则还应指出代理人的名称或姓名、邮政地址、具有高等教育学历的信息材料；原告及其代理人的电话号码、传真号码、电子邮件地址；

（3）被告是机关、组织或公职人员的,应指出被告的名称、所在地,对于组织或个体经营者,还应指出其国家注册信息材料（如果知悉）；被告是公民的,应指出其姓名、住所地或居留地、出生日期和地点（如果知悉）；被告的电话号码、传真号码、电子邮件地址（如果知悉）；

（4）向法院提出请求的人以及行政诉状所要维护的人的哪些权利、自由和合法利益受到侵害；

（5）对被告有什么要求,以及原告据以提出自己要求的根据和理由；

（6）如果联邦法律规定有审前调整争议的程序,行政诉状还应说明遵守上述程序的情况；

（7）如果曾经通过上下级关系提出过申告,则还要包括提交这种申告的信息材料；

（8）在本法典关于某些案件诉讼的特别规定所要求的其他信息材料；

（9）行政诉状所附具的文件。

3. 维护集团人群权利、自由和合法利益的行政诉状应该指出对其权利、自由和合法利益的侵害何在。

4. 在行政诉状中，原告应列举他所知悉的、法院在确定对行政案件的正确审理和解决有意义的情况时能够利用的证据。

5. 在行政诉状中，原告可以提出自己的申请。

6. 检察长或本法典第40条所列人员提交的行政诉状，应该符合本条第2款第（1）项至第（5）项、第（8）项和第（9）项规定的要求。如果检察长向法院提出请求维护公民的权利、自由和合法利益，则行政诉状还应指出该公民不能亲自提起行政诉讼的原因。

7. 不具有国家权力或其他公权力的原告，可以将案件其他参加人所没有的行政诉状以及所附具文件的副本送交案件其他参加人，用挂号信通知法院或以其他方式使法院确信收件人收到了诉状和文件的副本。具有国家权力或其他公权力的原告，必须向案件其他参加人送交他们所没有的行政诉状和所附文件的副本，用挂号信通知法院已经送达，或者以其他法院确保收件人能够收到的方式保证这些诉状和所附文件的副本送交上述人。

8. 行政诉状也可以通过填写有关法院官方网站上的电子表格的方式向法院提交。

（第125条第8款自2016年9月15日生效——2015年3月8日第22号联邦法律）

第126条　行政诉状所附具的文件

1. 如果本法典未有不同规定，行政诉状应该附具下列文件：

（1）证明依照本法典第125条第7款已向案件其他参加人送达他们所没有的行政诉状和所附文件副本的通知或其他文件。如果未将行政诉状和所附文件副本送交案件其他参加人，则应该按照被告和利害关系人的人数向法院提交相当份数的行政诉状和所附文件的副本,必要时还应向检察长提交上述文书的副本。

(2)证明已经按规定程序和数额缴纳国家规费的单证或者证明优惠缴纳国家规费权利的文件,或者要求延期缴纳、分期缴纳以及减少缴纳国家规费的申请和证明存在上述根据的文件。

(3)如果原告不被免除证明责任,则应提交证明原告据以说明自己请求理由的证据的文件;

(4)在本法典规定必须有代理人参加的情况下,证明打算亲自办理行政案件的原告具有高等教育学历的文件;

(5)委托书或证明行政原告代理人权限的其他文件;如果由代理人提交行政诉状,还要提交证明代理人具有高等教育学历的文件;

(6)如果联邦法律规定了调整行政争议的审前程序,则还要提交证明原告遵守了上述程序的文件,或者曾经通过上下级关系提出过申告,则还要包括提交这种申告的信息材料;

(7)如果本法典对某几类行政案件规定提交其他文件,则还要附具这些文件。

2. 附于行政诉状的文件,也可以通过电子形式提交给法院。

(第126条第2款自2016年9月15日生效——2015年3月8日第22号联邦法律)

第127条　行政诉状的受理

1. 法院受理行政诉状的问题,在法院收到行政诉状之日起的3日内由法官独任审理,但本法典规定了不同期限的除外。

2. 关于法院受理行政诉状的事宜,法官应作出裁定。第一审法院根据该裁定对行政案件进行立案。在裁定书中应该指出法院的电话号码和传真号码、法院官方网址、案件参加人可以收发行政案件信息的法院电子邮件地址,以及本法典规定的其他信息材料。

3. 法院受理行政诉状的裁定书的副本最迟应该在作出裁定后的第一个工作日发给案件参加人及其代理人。行政诉状以及所附具文件的复印件应该送交被告和利害关系人,但复印件依照本法典第125条第7款规定的办法送交的除外。

第128条 拒绝受理行政诉状

1. 如果本法典没有不同规定,有下列情形之一的,法官应拒绝受理行政诉状:

(1)行政诉状不应该由法院通过行政诉讼程序审理,因为行政诉状正在通过其他诉讼程序,包括民事诉讼、刑事诉讼或者通过仲裁程序立法规定的程序进行审理和解决;

(2)行政诉状由国家权力机关、其他国家机关、地方自治机关、组织、公职人员或公民为维护他人的权利、自由和合法利益而提交的,但本法典或其他联邦法律没有规定提交人享有此项权利;

(3)从对规范性法律文件和含有立法解释并具有规范性质的文件、决定或行为(不作为)提出异议的行政诉状中得不出该文件、决定、行为(不作为)侵害了或以其他方式涉及原告的权利、自由和合法利益的结论;

(本项由2016年2月15日第18号联邦法律修订)

(4)对于相同当事人、相同标的、相同理由的行政争议已经存在法院判决并且判决已经生效,或者存在由于原告放弃行政诉讼请求、双方当事人确定和解而法院作出的终止该行政诉讼的裁定,或者存在拒绝受理行政诉状的裁定。如果就相同标的存在法院判决,并且判决已经生效,则法院拒绝受理对侵害不定人群权利、自由和合法利益的规范性法律文件、决定、行为(不作为)提出异议的行政诉状；

（5）存在本法典对某些种类行政案件所规定的拒绝受理行政诉状的根据。

2. 关于法院拒绝受理行政诉状的事宜,由法官作出说明理由的裁定,裁定书应该指出拒绝受理行政诉状的根据,如果已经缴纳国家规费,还要解决退还行政诉状提交人所缴纳的国家规费的问题。裁定书的副本最迟应在作出裁定后的第一个工作日送交上述人。

3. 行政诉状已经被拒绝受理的,不得再次向法院提交相同的行政诉状。

4. 对拒绝受理行政诉状的裁定,可以提出申诉。

5. 如果拒绝受理行政诉状的裁定被撤销,则行政诉状被视为于最初提交法院之日提交。

第 129 条　退回行政诉状

1. 如果本法典没有不同规定,有下列情形之一的,法官应退还行政诉状：

（1）原告没有遵守联邦法律规定的调整该类行政争议的强制性审前程序；

（2）案件不应由该法院管辖；

（3）提交行政诉状的人不具有行政诉讼行为能力；

（4）行政诉状上没有签字,或者签字人或提交人不具有签字和(或)向法院提交诉状的权限；

（5）相同当事人、相同标的和相同理由的争议已经在该法院、其他法院或仲裁法院提起诉讼；

（6）在作出法院受理行政诉状的裁定之前,向法院提出请求

的人向法院提交撤回行政诉状的申请;

（7）该行政诉状和所附文件没有在法院搁置行政诉状的裁定规定的期限内排除缺陷;

（8）存在本法典对某些种类行政案件规定的退回行政诉状的其他理由。

2. 关于退回行政诉状的事宜,应由法官作出说明理由的裁定,裁定中应指出退还行政诉状的根据和消除妨碍行政案件立案的情况的方式,以及解决退还国家规费的问题。法院裁定应该在法院收到行政诉状之日起的3日内作出,或者在为行政诉状提交人所规定的消除搁置行政诉状原因的期限届满之日起的3日内作出,但本法典规定了不同期限的除外。关于退回行政诉状的裁定书的副本最迟应在作出裁定之后的第一个工作日连同行政诉状以及所附具的文件一并交付或送交原告。

3. 向原告退还行政诉状,不妨碍他按法定程序就相同标的再次向法院提交行政诉状。

4. 对退回行政诉状的裁定可以提出申诉。

5. 如果撤销关于退回行政诉状的裁定,则该行政诉状被认为是原告最初向法院起诉时提交的。

第130条　搁置行政诉状不予启动

1. 如果本法典没有不同规定,法官在确认行政诉状的提交违反了本法典第125条和第126条对行政诉状和(或)所附文件的格式和内容的要求,应作出搁置行政诉状不予启动的裁定,裁定应指出搁置的根据,并对行政诉状提交人消除成为行政诉状搁置理由的情况规定一个合理的期限。搁置行政诉状不予启动的裁定书副本最迟应在作出之日后的第一个工作日发送给提交行政诉状的人。

2. 如果行政诉状的提交人在搁置行政诉状不予启动的裁定所规定的期限内排除了法官指出的缺陷,行政诉状被认为是最初提交之日提交的。否则,行政诉状被视为没有提交,并依照本法典第129条规定的程序连同所附具的文件一并退还提交人。

3. 对法院关于搁置行政诉状不予启动的裁定,可以提出申诉。

第 131 条　行政反诉提交与接受的条件

1. 具有下列条件之一的,允许接受行政诉状作为行政反诉:

(1) 反诉与原诉之间存在相互联系,共同审理能够更快、更正确地解决行政法律关系和其他公法关系所产生的争议;

(2) 满足反诉即完全或部分排除满足原诉;

(3) 反诉是为了抵销原诉。

2. 在第一审法院作出终结行政案件实体审理的法院裁判前,被告可以提出行政反诉,以便与行政原诉一起共同审理。

3. 行政反诉状按照提交行政原诉状相同的规则提交。

第十三章　行政案件法庭审理的准备

第132条　准备行政案件法庭审理的任务

每一行政案件都必须进行法庭审理的准备,其目的是为了正确和及时地审理行政案件。行政案件法庭审理的准备在法院受理行政诉状后由法官独任进行,并吸收双方当事人及其代理人、利害关系人参加。

第133条　关于准备行政案件法庭审理的裁定

1. 关于准备进行行政案件法庭审理的事宜,法官作出裁定,在裁定书中指出双方当事人和案件其他参加人应该实施的行为以及实施这些行为的期限。

2. 在法院受理行政诉状的裁定中可以指出准备行政案件法庭审理的事项。

第134条　进行行政案件法庭审理的期限

行政案件的法庭审理准备的期限应考虑具体行政案件有关的情况以及应该实施的诉讼行为。

第135条　双方当事人和法院准备行政案件法庭审理的行为

1. 在准备行政案件法庭审理时,原告及其代理人:

(1) 向被告移交含有说明行政诉状事实根据的证据而未附于行政诉状的文件复印件,但原告被免除证明责任的除外;

(2) 向法院提出调取其没有法院帮助不可能独立取得的证据

的申请。

2. 被告及其代理人:

(1) 确切了解行政诉状的要求和这些要求的事实根据;

(2) 向原告或其代理人以及法院提交书面形式的对行政诉状的答辩状;

(3) 向法院提交证明答辩状理由的证据,而向原告或其代理人移交含有这些证据的文件复印件;

(4) 向法院提出调取其没有法院帮助不可能独立取得的证据的申请。

3. 在准备行政案件的法庭审理时,法院:

(1) 向被告和利害关系人送交行政诉状的副本和所附具文件的复印件,如果尚未依照本法典第 125 条第 7 款送交;对被告向法院提交书面形式的对行政诉状的实体答辩状和向原告和利害关系人送交副本规定一个合理的期限。如果被告不享有国家权力或其他公权力,法院在确定已经依照本法典第 125 条第 7 款向被告交付行政诉状副本和所附具文件的复印件以后,对被告向法院提交书面形式的对行政诉状的实体答辩状和所附具文件,以及向原告和利害关系人送交副本规定一个合理的期限。如果上述副本没有送交被告和利害关系人,法院应送交它们并对提交书面形式的实体答辩状和送交必要数量的复印件规定一个合理的期限,法院应将这些复印件送交原告和利害关系人。

(2) 传唤双方当事人及其代理人,向他们说明诉讼权利和诉讼义务以及不在规定期限内实施或不实施诉讼行为的后果,就行政诉讼诉状和答辩状的实质询问原告、被告和他们的代理人,查明原告是否完全或部分坚持行政诉讼请求,被告是否完全或部分承

认行政诉讼请求;

(3) 解决追加其他原告、被告和利害关系人的问题,以及解决变更不当被告的问题;

(4) 解决几项行政诉讼请求并案或分立的问题;

(5) 解决取得必要证据和建议在法院规定的期限内提交证据的问题;

(6) 在必要时协助不具有国家权力或其他公权力的人提交证据和调取证据;主动调取证据,解决传唤证人、指定鉴定、聘请专家和翻译人员参加法庭审理的问题,在刻不容缓的情况下解决就地审查和勘验书证和物证的问题;以及采取与提交证据有关的其他措施;

(7) 发出法院委托;

(8) 根据原告及其代理人的请求解决适用行政诉讼保全措施的问题;

(9) 根据案件参加人及其代理人的请求或自己主动,解决案件参加人使用视频系统参加法庭审理包括参加预备庭的问题,以及采取措施保障以这种方式参加法庭审理。对审理上述申请和解决上述问题的结果,法院应作出说明理由的裁定;

(10) 在该类行政案件允许和解的情况下促成双方当事人和解;

(11) 解决进行预备庭的必要性、进行预备庭的日期、时间和地点等问题;

(12) 解决案件参加人必须亲自出庭的问题;

(13) 在考虑行政案件情况、存在争议的公法关系的性质、应该适用的规范性法律文件以及已经提交的行政案件证据的情况下,为保证正确和及时审理行政案件而实施其他诉讼行为。

4. 如果满足原告及其代理人要求立即审理和解决行政案件的申请,法院应为此采取必要的措施,在尽可能短的期限内采取能够监控收件人收到的技术手段(包括电话、传真、电子邮件和其他通信手段)向案件参加人送达通知、传票、裁定书副本。

5. 如果案件当事人不及时准备案件的法庭审理,包括被告不提交或不在法院规定期限内及时提交书面形式的答辩状和证据,不完成法院的其他指示,则法院对过错方可以依照本法典第122条和第123条规定的程序和数额处以诉讼罚金。

第136条 行政案件的合并和行政诉讼请求的分立

1. 对于正在法院进行审理的行政案件,如果是相同当事人的几个同类案件,或者同一原告诉不同被告的行政案件,以及几个原告诉相同被告的行政案件,法院可以作出裁定,将几个行政案件并案审理和解决,如果这种合并有利于行政诉讼请求的正确审理和解决。

2. 如果法院认为将行政诉讼请求分开审理是合理的,则应该将一项行政诉讼请求或几项合在一起的行政诉讼请求分立出来单独审理。

3. 在作出终结行政案件在第一审法院审理的法院裁判以前,允许将几个行政案件并案审理或者将行政诉讼请求分立单独审理。

4. 将几个行政案件并案审理或将行政诉讼请求分立单独审理的事宜,以及在满足相应申请时,法院应作出裁定,裁定书的副本应送交这些行政案件的参加人。

5. 对于法院关于将几个行政案件并案审理或者将行政诉讼请

求分立单独审理的裁定,可以提出申诉。

6. 在解决行政案件并案审理的问题时,后来的行政案件应并入更早立案的行政案件。

7. 在几个行政案件并案审理或行政诉讼请求分立审理时,法庭审理的准备从头开始。

第137条 当事人和解 当事人的和解协议

1. 双方当事人的和解,只能涉及他们作为公法关系主体的权利和义务,只能在允许双方相互让步的情况下才有可能。

2. 根据双方当事人及其代理人的申请,法院在双方达成和解的必要期间中止行政诉讼。

3. 双方当事人可以用订立和解协议的方式调整争议。和解协议以书面形式订立,由双方当事人签字,在其代理人享有相关权限时也可以由其代理人签字。双方当事人的和解协议应该包含双方达到和解的条件,以及分摊诉讼费用的办法,包括分摊代理人服务费的办法。

4. 关于批准双方当事人和解协议的问题,法院应开庭审理,包括在预备庭审理。法院应将开庭包括预备庭开庭的时间和地点通知案件参加人。如果已经按照适当方式通知了案件参加人及其代理人,而他们不到庭,则法院不得批准双方当事人的和解协议。

5. 如果和解协议的条款与法律相抵触,包括与本条第1款相抵触,或者侵害他人的权利、自由和合法利益,则法庭不批准和解协议。

6. 对是否批准双方当事人和解协议问题的事宜,法院应作出批准和解协议的裁定或者不批准和解协议的裁定。

7. 对批准双方当事人和解协议或者不批准和解协议的裁定,

可以提出申诉。

8. 在法庭批准双方当事人的和解协议时,行政诉讼完全终止或者相应部分终止。

9. 双方当事人和解协议的执行依照上述协议规定的办法和期限进行。不自愿执行和解协议时,和解协议应该按照本法典第三十八章的规则强制执行。

第138条 预备庭

1. 预备庭的目的是:

(1) 明确对正确审理和解决行政案件有意义的情况;

(2) 确定行政案件的证据是否充分;

(3) 查明迟误向法院提交行政诉状期限的事实;

(4) 确认双方当事人在准备行政案件法庭审理时所实施的处理行为的诉讼意义;

(5) 查明在法庭审理前调整行政争议的可能性。

2. 预备庭由准备行政案件法庭审理的法官独任进行。应将预备庭开庭的时间和地点通知双方当事人、案件其他参加人、他们的代理人。案件参加人及其代理人已经收到关于预备庭开庭时间的地点的通知而不到庭的,不妨碍预备庭的进行。上述人员也可以依照本法典第142条利用视频系统参加预备庭的审理。

3. 在预备庭,双方当事人、案件其他参加人、他们的代理人(或者在必须由代理人办理案件时,只是他们的代理人)有权提交证据、提出申请、叙述自己对法庭中所产生问题的理由。

4. 在预备庭,法院有权完全或部分终止或中止行政诉讼,在存在根据时依照本法典解决相应问题的程序搁置行政案件不予审理,但应该由合议庭审理的行政案件除外。

5. 在预备庭,法院可以查明原告迟误本法典规定的向法院提出请求的期限的原因。如果确定无正当原因而迟误期限的事实,则法庭作出判决驳回行政诉讼请求,不审查行政案件的其他事实情节。对于应该由合议庭审理的行政案件,不得作出该判决。对法院判决可以按照本法典规定的程序提出上诉。

6. 在解决预备庭提出的所有问题之后,法庭解决预备行政案件进行法庭审理的问题。

7. 关于预备庭进行的情况,应依照本法典第205条和第206条制作笔录。

第139条 指定行政案件的法庭审理

1. 法院在确认行政案件已经准备好了以后,应作出裁定,指定行政案件的法庭审理,裁定中应指出终结行政案件准备法庭审理的事项,解决追加利害关系人参加该行政案件的问题、几项行政诉讼请求并案审理或诉讼请求分立单独审理的问题以及解决未作出相关裁定的其他问题,并指定第一审法院开庭的时间和地点。

2. 法院在确认行政案件已经准备好并且终结预备庭以后,如果不存在妨碍开庭的情况,法院有权开庭对该行政案件进行法庭实体审理。

第十四章　法庭审理

第140条　法庭审理的言词原则

1. 行政案件的法庭审理口头进行,但本法典有不同规定的除外。法庭审理行政案件时,必须将开庭的时间和地点通知案件参加人以及法庭审理的其他参加人。

2. 在本法典规定的情况下,行政案件的法庭审理可以不开庭,而采取本法典第三十三章规定的简易程序(书面程序)进行审理。

第141条　行政案件审理和解决的期限

1. 行政案件在俄罗斯联邦最高法院的审理和解决不得超过3个月,在其他法院不得超过2个月,自法院收到行政诉状之日起计算,该期限还包括准备行政案件进行法庭审理的时间,但本法典对行政案件的审理和解决规定了不同期限的除外。

2. 对于复杂的行政案件,本条第1款所规定的期限可以由法院院长延长,但延长的时间不得超过1个月。

第142条　利用视频系统参加法庭审理

1. 如果为了行政案件的正确审理和解决,当事人必须出庭,但当事人由于客观原因又不能出庭,则在具备相应技术条件的情况下,由法院(根据案件参加人的申请或者由法院主动)批准,他们可以利用视频系统参加法庭审理。

2. 案件参加人必须出庭但又不可能前来审理行政案件的法

院,则可以使用其住所地或所在地的法院的视频系统。为了保障羁押中的人员或剥夺自由场所的人员参加法庭审理,也应利用相应机构的视频系统。

3. 关于为了正确审理和解决行政案件必须出庭的人员利用视频系统出庭的事宜,法院应作出裁定。裁定书的副本最迟应在作出裁定后的第一个工作日送交相应的诉讼参加人以及提供视频设备的相应法院或机构。

4. 审理行政案件的法庭书记员应确认与提供视频设备的法院或机构的通讯联系,以保证为正确审理和解决行政案件必须出庭的人员出庭。当事人所在地的法庭书记员根据审判长的指令检查应该利用视频系统出庭的人员是否到庭,并确定他们的身份,以及完成审判长在法庭审理过程中的其他指令,包括在必要时取得证人的具结,说明证人的义务和警告证人拒绝作证或故意提供虚假陈述的刑事责任,接受法庭审理参加人提供的材料。在提供视频系统的法院所收到的所有材料最迟应在开庭后的次日送交审理行政案件的法院,以便归入审判庭笔录。

5. 如果为了保证羁押场所或剥夺自由场所的人员出庭而使用相应机构的视频系统,法院的有关裁定由上述人员的羁押场所和服刑的剥夺自由场所的首长执行。

6. 本条所规定的规则,适用于上诉审法院。

第143条 审判长

1. 审判长:

(1) 领导审判庭的进行;

(2) 创造条件充分、全面地审查证据和查明行政案件情况;

(3) 从法庭审理中排除与所审理行政案件无关的事项;

（4）允许法庭审理参加人发言，在本法典规定的情况下以法庭的名义对违反发言规则的法庭审理参加人适用限制法庭审理参加人发言的时间或剥夺其发言权的诉讼强制措施。

2. 审判长采取措施保障审判庭秩序。审判长的指令对于法庭审理的所有参加人以及出庭人员均具有强制力。对违反法庭秩序的人员，审判长以法庭的名义宣布警告，将其逐出审判庭，不许在整个开庭时间或部分开庭时间回到审判庭；对上述人员依照本法典第122条和第123条规定的程序和数额处以诉讼罚金。审判长应向案件参加人和准许重新回到审判庭的人员说明在其缺席的时间里实施的诉讼行为。

3. 必要时审判长就自己的行为作出解释。如果法庭审理参加人对审判长的行为提出异议，这些异议应记入审判庭笔录。

第144条　审判庭秩序

1. 法庭审理参加人和其他出庭的公民，必须遵守审判庭秩序。

2. 在法官进入审判庭时以及在法官退庭作出法院裁判时，全体人员起立。宣布法院判决或者在未作出判决时宣布终结行政案件审理的法院裁定时，审判庭全体人员应站立聆听。

3. 法庭审理参加人对法庭发言应称呼"尊敬的法庭"，而对法官应称呼"法官大人"。法庭审理参加人进行陈述、作出解释和向案件参加人提问或回答问题均应站立，并且只能在得到审判长的允许后发言。经审判长允许后方可不遵守这一规则。

4. 法庭审理应在保证法庭应有秩序和保障法庭审理参加人安全的条件下进行。

5. 出庭人员经法庭批准进行照相、录像、无线电转播、电视转播和互联网转播的，不得违反规定的法庭秩序。这些行为可以受到时间限制,应在法庭指定的地方进行并且还要考虑案件参加人的意见。

6. 对违反法庭秩序或不服从审判长合法指令的人员,在进行口头警告后,可以适用本法典规定的诉讼强制措施。

第145条 宣布开庭

在预定的行政案件法庭审理时间,审判长宣布开庭,并宣布应该审理什么行政案件。

第146条 检查法庭审理参加人到庭情况

1. 法庭书记员向法庭报告,行政案件中被传唤的人员谁已经到庭,没有到庭的人员是否已经按应有的方式进行了通知,以及他们不到庭的原因。

2. 审判长,或者为行政案件正确和解决所必须参加法庭审理的人员到庭而提供视频系统的法院或机构,应确定每一到庭人员的身份,检查公职人员、代理人的权限。

第147条 翻译人员参加审判庭

1. 法院可以主动地或者根据案件参加人的申请聘请翻译人员参加法庭审理。选择翻译人员的问题由法院考虑案件参加人的意见解决。

2. 应向翻译人员说明本法典第52条规定的权利和义务。

3. 应该向翻译人员说明《俄罗斯联邦刑法典》规定的故意作不正确翻译的责任,翻译人员对此应进行保证,保证书应附于审判庭笔录。

第148条 证人退出审判庭

审判长应采取措施,不让已经被询问的证人和尚未询问的证人接触。在开始询问已经到庭的证人前,应该让他们退出审判庭,而对通过视频系统询问的证人,应采取措施,使他们在开始对他们进行视频询问前不能到审判庭。

第149条　宣布法庭组成人员和说明申请自行回避及申请回避的权利

1．审判长宣布法庭组成人员,宣布谁以检察长、法庭书记员、双方代理人和利害关系人、鉴定人、专家、翻译人员的身份出庭,并向案件参加人说明他们申请自行回避和申请回避的权利。

2．自行回避和回避的根据、解决的程序和满足自行回避申请或回避申请的后果,由本法典第31条至第36条规定。

第150条　案件参加人、他们的代理人不到庭的后果

1．下列人员之一不到庭的,法院推迟行政案件的法庭审理:

(1)案件参加人之一不到庭,而又没有他是否收到关于审判庭时间和地点通知的信息材料的;

(2)不享有国家权力或其他公权力的被告,已经按照应有方式收到通知、依法必须出庭或法院认为他必须出庭而不到庭的;

(3)如果本法典规定行政案件的办理必须有代理人参加,案件参加人的代理人没有到庭的。

2．案件参加人不到庭的,以及如果在法院已经通知代理人和(或)在行政案件必须有代理人参加的情况下代理人不能出庭的,应该在审判庭开庭前将不能到庭的事宜和不能到庭的原因通知法院。依法必须或者法院认为必须到庭的人员,应该报告不能到庭的原因并提交相应的证据。如果上述人不在规定期限内向法院报告自己不到庭的原因,则这些原因被认为不是正当原因,不得据此认为侵害了这些人的诉讼权利。

3. 如果本法典没有不同规定,对依法必须出庭或法院认为必须出庭、没有正当原因而不出庭的人员,应依照本法典第 122 条和第 123 条规定的程序和数额处以诉讼罚金。

4. 下列人员再次没有正当原因不到庭的:

(1) 对本条第 1 款和第 2 款规定的人员,可以依照本法典第 120 条规定的程序进行拘传,同时推迟行政案件的法庭审理;

(2) 对本条第 1 款第 3 项规定的代理人,可以依照本法典第 122 条和第 123 条规定的程序和数额处以诉讼罚金,同时推迟行政案件的法庭审理。

5. 本条第 4 款第 1 项和第 2 项所列人员,有正当原因再次不到庭的,推迟行政案件的法庭审理。

6. 有下列情形之一的,法院可以推迟行政案件的法庭审理:

(1) 案件参加人由于正当原因不能到庭,申请推迟行政案件的法庭审理并提交了不出庭原因实属正当的证据;

(2) 案件参加人的代理人由于正当原因不出庭(如果行政案件的办理不是必须有代理人参加),案件参加人申请推迟行政案件的法庭审理并指出行政案件不可能在他们不出庭的情况下审理,并提交了不出庭原因实属正当的证据。

7. 如果案件所有参加人均收到法庭审理时间和地点的通知而都不到庭,他们出庭依法不是必须的或者法院不认为他们到庭是必须的,则法院按照本法典第三十三章规定的简易程序(书审)审理行政案件。

8. 对无正当原因离开法庭的案件参加人,应适用本法典对收到开庭时间和地点的通知而无正当原因不到庭的人员所规定的措施。

第 151 条 检察长、证人、鉴定人、专家和翻译人员不到庭的后果

1. 为了提交行政案件结论而参加诉讼的检察长,如果已经收到关于开庭时间和地点的通知而不到庭,不妨碍法庭审理的进行。就检察长不到庭的事实,法院可以依照本法典第 200 条规定的程序作出个别裁定。

2. 证人、鉴定人、专家、翻译人员,如果已经收到关于开庭时间和地点的通知而不到庭,法庭应听取案件参加人及其代理人的意见,并作出可以在未出庭人员缺席的情况下审理行政案件或者推迟法庭审理的裁定。

3. 对被传唤的鉴定人、专家、翻译人员不到庭又没有提交关于不到庭具有正当理由的信息材料的,可以依照本法典第 122 条和第 123 条规定的程序和数额处以诉讼罚金,本法典规定了不出庭的其他后果的除外,收到通知再次不出庭的或者不报告不出庭原因的,可以依照本法典第 120 条规定的程序实行拘传。

第 152 条 推迟行政案件的法庭审理

1. 在本法典规定的情况下,允许推迟行政案件的法庭审理。

2. 有下列情形之一的,法院可以推迟行政案件的法庭审理:

(1) 法院认为不可能在该审判庭审理行政案件,包括由于法庭审理参加人不出庭而不能审理,以及在提起行政反诉的情况下;

(2) 在使用包括视频系统在内的技术设备开庭时,技术设备发生故障的;

(3) 当事人由于必须提交补充证据而申请推迟行政案件的法庭审理,而该申请得到满足的;

(4) 出现实施其他诉讼行为的必要性的。

3．为了全面、充分和客观地查明该行政案件的情况,法院必须取得补充证据和其他信息材料,根据案件参加人的申请,法院可以推迟行政案件的法庭审理。

4．关于推迟行政案件法庭审理的事宜,法院应作出裁定。

5．在推迟行政案件的法庭审理时,如果双方当事人在场,法院有权询问已经到庭的证人。这些证人的证言在重新开庭时宣读。只有在必须再次询问已经被询问的证人时,才在重新开庭时传唤已经询问过的证人。

6．在推迟行政案件的法庭审理时,应考虑传唤法庭审理参加人或调取证据所必需的时间,指定重新开庭的日期和时间,应对已经到庭的人员宣告,并要他们在审判庭笔录中出具收条,而对未到庭的和新参加行政案件的人员应送达相应的通知或传票。

7．推迟审理后的行政案件法庭审理从头开始。如果双方当事人不坚持再次复述法庭审理参加人的解释,并已经了解行政案件材料,包括了解法庭审理参加人以前所作的解释,而法庭组成人员也没有变更,则法庭有权提供机会让法庭审理参加人证实而不必复述以前所作的解释,对它们进行补充、提出补充问题。

第153条 向案件参加人说明其诉讼权利和义务,关于代理人权限的说明

审判长应该向案件参加人说明其诉讼权利和义务,以及在案件必须有代理人参加时就代理人权限进行说明。

第154条 法庭审理案件参加人的申请

案件参加人及其代理人就与行政案件的法庭审理有关的问题提出的申请,法庭应在询问案件其他参加人及其代理人的意见后进行审理。关于申请的审理,法院应作出裁定。

第155条 向鉴定人和专家说明其权利和义务

1. 审判长应向鉴定人和专家说明本法典第49条和第50条规定的权利和义务。

2. 审判长应向鉴定人说明《俄罗斯联邦刑法典》规定的故意提供虚假鉴定结论的责任,并取得他的保证书,保证书应附于审判庭笔录。

第156条 行政案件法庭实体审理的开始

1. 审判长或者一位法官报告行政案件的案情。然后审判长查明,原告是否坚持行政诉讼请求,被告是否承认行政诉讼请求,而在该类行政案件中双方当事人可能订立和解协议时,查明双方当事人是否愿意订立和解协议从而终结案件,有关事项均应在审判庭笔录中进行相应的记载。

2. 如果案件参加人未到庭而在书面解释中叙述了自己对行政诉讼请求的理由,审判长应该在审判庭宣读这些解释。

第157条 原告及其代理人放弃诉讼请求,被告及其代理人承认诉讼请求与和解协议

1. 原告及其代理人申请放弃行政诉讼请求,被告及其代理人申请承认行政诉讼请求,双方协议和解的条件均应记入审判庭笔录,并由原告、被告签字或者双方当事人及其代理人签字。在书面形式叙述的原告放弃行政诉讼请求的申请和被告承认行政诉讼请求的申请以及和解协议的条件,均应附于行政案卷,对此应在审判庭笔录中进行记载。

2. 如果该类行政案件不允许原告放弃行政诉讼请求、不允许被告承认行政诉讼请求或不允许由双方达成和解协议,法庭应向原告和(或)被告及其代理人说明这一点。在对该类行政案件不允许实施上述处理行为时,法庭应说明原告放弃行政诉讼请求、被告承认行政诉讼请求或双方达成和解协议的后果。

3. 在法院接受原告放弃行政诉讼请求或法院批准双方当事人的和解协议时,法院应作出裁定,同时完全或相应部分地终止行政诉讼。法院的裁定中应该列出所批准的双方当事人和解协议的条件。

4. 如果法院不接受或不可能接受放弃行政诉讼请求、接受行政诉讼请求或者不批准双方当事人的和解协议,则法院也要作出裁定,同时继续对行政案件进行实体审理。

第 158 条　确定证据审查的顺序

法庭应考虑案件参加人及其代理人的意见确定证据审查的顺序。必要时,可以改变证据审查的顺序。

第 159 条　案件参加人的解释

1. 在报告行政案件后,法庭听取原告、被告和利害关系人以及其代理人的解释。检察长和国家权力机关、其他国家机关、地方自治机关、组织的代表以及向法院提出请求维护他人权利、自由和合法利益的公民在原告、被告之前进行解释。案件参加人及其代理人可以相互提问。法庭可以在案件参加人及其代理人进行解释的任何时间向他们提问。

2. 案件参加人及其代理人不能出庭而用书面形式提交的解释,以及在本法典第66条和第67条规定的情况下所提交法庭的材料,应由审判长在审判庭宣读。

第 160 条　向证人说明拒绝作证或故意提供虚假证言的责任

1. 在询问证人前,审判长或者为保证证人出庭而提供视频设备的法院或机构应确定证人的身份。审判长向证人说明本法典第51条规定的权利和义务,警告他《俄罗斯联邦刑法典》规定的拒绝作证或故意提供虚假证言的责任,还应该取得证人的具结,表示已经向他说明了其权利和义务。具结应附于审判庭笔录。

2. 对未满 16 岁的证人,审判长应向他说明他有义务正确叙述他所知道的关于本行政案件的所有信息材料。对这样的证人,不说明拒绝作证或故意提供虚假证言的责任。

第 161 条 询问证人的程序

1. 每名证人均单独询问,但是法庭为了查明证人证言分歧的原因而指定同时询问两名以上证人的情形除外。

2. 使用视频系统询问证人的,由审理行政案件的法院按本法典对询问证人规定的一般规则进行,但应考虑本法典第 142 条规定的特点。

3. 审判长应查明证人与案件参加人是什么关系,建议证人向法庭说出他本人知悉的关于本行政案件的所有信息材料。

4. 证人提供证言时,如果证言与某些难于记忆的资料有关,则可以使用书面材料。询问结束后这些材料应提交给法庭、案件参加人及其代理人,并且可以根据法院的裁定附于行政案卷。

5. 之后可以向证人提问。申请传唤证人的人或其代理人第一个提问,然后由案件其他参加人及其代理人提问。法庭有权在询问的任何时间向证人提问。

6. 必要时,法庭可以在同一庭审中或下一次庭审中再次询问证人,以及再次询问其他证人,以查明他们证言中的矛盾。

7. 证人被询问后仍然留在审判庭直至行政案件审理结束,但法庭允许他更早退庭的情形除外。

第 162 条 未成年证人的询问

1. 对不满 14 岁的证人以及根据法庭的裁量对年满 14 岁不满

16岁的证人进行询问时,应该传唤教育工作者到庭。如果未成年证人的父母、收养人、监护人或保护人与行政案件的结局不存在利害关系,必要时还要传唤他们到庭。经审判长许可上述人员可以向证人提问,以及说明自己对证人个性及其证言的意见。

2. 在特殊情况下,如果必须查明行政案件的情况,在询问未成年证人时,根据法院的裁定,可以让某一案件参加人或者在审判庭的某一公民退出审判庭。案件参加人及其代理人回到审判庭后,应该告诉他们未成年证人证言的内容,还应该提供机会让他们向证人提问。

3. 不满16岁的证人,在询问结束后退出审判庭,但法庭认为该证人必须留在审判庭的情形除外。

第163条　宣读证人证言

在本法典第51条第5款、第66条和第67条、第152条第5款规定情况下取得的证人证言,应在审判庭宣读,之后案件参加人及其代理人有权就证言进行解释。

第164条　书证的审查

1. 书证,包括在本法典第66条、第67条和第74条规定情况下制作的书证勘验笔录,均应在审判庭宣读并提交给案件参加人及其代理人,必要时还要提交给证人、鉴定人、专家。

2. 案件参加人及其代理人可以对书证进行解释和说明,也可以对证人、鉴定人、专家提问。

第165条　公民通信、电话、邮件、电报和其他函件的审查

为了保护公民的通信、电话、邮件、电报和其他函件的秘密,只有经通信人、通话人和交换其他函件的人的同意,才能在公开的审判庭宣读和审查其内容。不经这些人的同意,他们的通信、电话、邮件、电报和其他函件应在不公开的审判庭宣读和审查。

第166条 物证的审查

1. 物证由法庭勘验并提交给案件参加人及其代理人,而在必要时还要提交给证人、鉴定人、专家。被提交物证的人,可以提请法庭注意与物证或物证勘验有关的情况。他们就此提出的声明应记入审判庭笔录。

2. 依照本法典第66条、第67条和第74条进行的物证勘验的笔录,应在法庭上宣读。案件参加人及其代理人可以对上述笔录作出解释。

第167条 录音和录像的重放和审查

1. 在重放含有个人性质内容的录音录像时,以及在对它们进行审查时,应适用本法典第155条规定的规则。

2. 录音和录像在审判庭或其他有专门设备的房舍内进行,审判庭笔录中应指出设备和信息载体以及重放的时间。此后法庭听取案件参加人的解释。必要时,录音或录像可以全部或部分重放。

3. 为了查明录音和录像的内容,法院还可以聘请专家。必要时法院还可以进行鉴定。

第168条 鉴定结论的审查 指定补充鉴定或重复鉴定

1. 鉴定结论在审判庭宣读。为了说明和补充鉴定结论,可以向鉴定人提问。第一个向鉴定人提问的是申请鉴定的案件参加人及其代理人,然后由案件其他参加人及其代理人提问,如果鉴定是由法院主动指定的,则第一个提问的是原告或其代理人。法庭有权在鉴定人询问的任何时候向鉴定人提问。

2. 鉴定结论在审判庭审查,由法院与其他证据一起进行评价,鉴定结论对法庭不具有事先确定的效力。法庭不同意鉴定结论的,应该在行政案件判决中或者在指定补充鉴定或重复鉴定的裁定中说明理由,补充鉴定和重复鉴定在本法典第83条规定的情况下并依照该条规定的程序进行。

第169条 专家的咨询

1. 专家根据自己的专业知识,以口头或书面形式向法庭提供咨询,不根据法院裁定进行专门审查。

2. 以书面形式提供的专家咨询意见,在审判庭宣读并附于行政案卷里。专家口头提供的咨询和说明,记入审判庭笔录。

3. 为了对咨询意见进行说明和补充,可以向专家提问。第一个提问的是申请聘请专家的人及其代理人,然后由案件其他参加人及其代理人提问。对法院主动聘请的或根据双方当事人申请聘请的专家,首先提问的是原告及其代理人。法庭有权在询问的任何时候提问。

4. 专家咨询意见不属于行政案件的证据。

第170条 行政案件实体审理的终结

在审查完所有证据之后,审判长请依照本法典第243条第7款参加法庭审理的俄罗斯联邦中央选举委员会的代表、依照本法典第39条第7款参加法庭审理的检察长对案件进行最后发言,然后了解案件其他参加人及其代理人是否希望发言进行补充解释。如果没有这种解释,则审判长宣布行政案件的实体审理终结,法庭转入法庭辩论。

第171条 法庭辩论

1. 法庭辩论由案件参加人及其代理人发言。在法庭辩论中,由原告及其代理人首先发言,然后是被告及其代理人。

2. 利害关系人及其代理人在法庭辩论时在双方当事人及其代

理人之后发言。

3.检察长和国家权力机关、其他国家机关、地方自治机关、组织的代表以及向法院提出请求维护他人权利、自由和合法利益的公民,参加法庭辩论。

4.参加法庭辩论的人员无权援引法庭没有查明的情况,也无权援引未经法庭审查的证据。

5.如果发言人的发言超出了所审理行政案件的范围,则审判长有权适用诉讼强制措施制止其发言。

6.在发言后,案件所有参加人及其代理人经法庭允许可以就已经发表的意见进行辩论。最后辩论权永远属于被告及其代理人。

第172条 行政案件实体审理的恢复

如果在法庭辩论时或法庭辩论后法庭认为有必要查明对行政案件审理有意义的新情况或必须审查新的证据,则法庭作出裁定,恢复行政案件的实体审理。在行政案件实体审理终结后,按一般程序进行法庭辩论。

第173条 退庭进行判决

在法庭辩论后,法庭退入评议室作出行政案件的判决,对此审判长应在审判庭向在场人员宣布。

第174条 法院判决的宣布

1.在法院判决作出并签字以后,法庭回到审判庭。在审判庭,审判长或一名法官宣布判决。然后审判长口头说明判决的内容、对判决提起上诉的程序和期限。

2.如果仅宣布判决的结论部分,则审判长应说明,说明理由的判决何时能够制作完毕,用什么方式将判决送达案件参加人及其代理人。

第十五章　法院判决

第 175 条　法院判决的作出

1. 在第一审法院对行政案件进行实体审理后,法院判决以俄罗斯联邦的名义作出。

2. 判决应由法庭在评议室作出。

3. 在评议室作出判决时,只有独任审理行政案件的法官或者参加合议庭审理行政案件的法官可以在场。

4. 在合议庭审理行政案件时,法官的评议按照本法典第 30 条规定的程序进行。法官不得泄露在讨论或作出判决时的信息材料,不得以其他方式泄露法官评议秘密。同时,法官依照本法典第 30 条规定的程序表述自己保留的特殊意见的,不得视为泄露法官评议秘密。

第 176 条　法院判决的合法有据

1. 法院判决应该是合法的和有根据的。

2. 法院只能以经过审判庭审查的证据作为判决的依据。

第 177 条　制作说明理由的法院判决

1. 法院判决在行政案件审理后立即作出。

2. 对复杂的行政案件,可以仅宣布结论部分。说明理由的法院判决可以推迟制作,但不得迟于行政案件法庭审理终结之日起的 5 日,但本法典规定的情形除外。宣布的结论部分应该由法官签字,而在合议庭审理案件时,应该由参加作出判决的所有法官签字,保留特殊意见的法官也应签字。结论部分应归入行政案卷。

第 178 条 在作出法院判决时解决的问题

1. 法院就原告提出的诉讼请求作出判决。在本法典规定的情况下,法院可以超越原告诉讼请求的范围(行政诉状的标的或原告提出的根据和理由)。

2. 在作出判决时,法院要确定在该行政案件中应适用的法律规范,规定案件参加人的权利和义务,决定行政诉讼请求是否应满足,必要时还应规定判决执行的程序和期限。

3. 在作出判决时,法院还要解决行政诉讼保全措施是保留还是撤销、物证如何处理、诉讼费用的分摊等问题以及在法庭审理过程中产生的需要解决的问题。

4. 法庭如果认为必须查明对行政案件审理有意义的新情况或者必须审查新的证据,应作出裁定恢复法庭审理。在终结行政案件的实体审理后再进行法庭辩论。

第 179 条 法院判决的叙述

1. 法院判决由审判长或一名法官以书面形式叙述。

2. 在行政案件由法官独任审理时,法院判决由法官签字,而在合议庭审理行政案件时,包括保留特殊意见的法官在内的所有法官均应签字。对法院判决所作的更正,也应由法官签字证明。

第 180 条 法院判决的内容

1. 法院判决由开始部分、叙事部分、理由部分和结论部分组成。

2. 法院判决的开始部分应该指出:

(1) 行政案件编号;

（2）法院判决作出的日期和地点；

（3）作出判决的法院的名称；

（4）法庭的组成；

（5）关于双方当事人、案件其他参加人及其代理人、法庭书记员、诉讼的其他参加人、行政诉讼的标的等信息材料。

3. 法院判决的叙事部分应该叙述原告的诉讼请求、被告的答辩、案件其他参加人的意见。

4. 法院判决的理由部分应该指出：

（1）法庭已经确认的行政案件情况；

（2）法院对这些情况据以作出结论的证据；

（3）法庭推翻某些证据的理由；

（4）法庭在作出判决时所遵循的规范性法律文件，以及对本条第6款所列问题的论证。在法院判决的理由部分还可以援引欧洲人权法院的裁决和判决、俄罗斯联邦宪法法院的判决、俄罗斯联邦最高法院为保障审判实践统一和法制而通过的俄罗斯联邦最高法院主席团的裁决。

5. 如果由于迟误向法院提出请求的期限，又不可能在本法典规定的情况下恢复迟误的期限从而驳回行政诉讼请求，法院判决的理由部分仅可以指出法院已经确定的情况。

6. 如果本法典未有不同规定，法院判决的结论部分应该包括：

（1）法院完全或部分满足行政诉讼请求或者驳回行政诉讼请求的结论；

（2）法院就根据行政案件情况所解决的问题的结论，包括指出法院判决执行的程序和期限；如果法院判决交付立即执行，则应指出立即执行；如果在法院判决作出前未解决物证的处理问题，则

要指出物证如何处理;行政诉讼保全措施保留还是撤销;完全或部分满足附带民事诉讼或驳回附带民事诉讼;

（3）依照本法典对某些种类行政案件的规定还应指出的其他信息材料;

（4）对法院判决提出上诉的程序和期限。

第181条 几个原告胜诉或几个被告败诉的法院判决

1. 如果法院判决几个原告胜诉,则法院应该指出,如何对每个原告排除侵权行为。

2. 如果法院判决几个被告败诉,则法院应该指出,如何排除对原告的侵权行为,被告中谁应该排除这些侵权行为。

第182条 法院判决副本的交付与送达

1. 法院判决的副本最迟应在以最终形式作出判决后的3日内交付案件参加人及其代理人或寄送给他们,但本法典有不同规定的除外。

2. 在本法典规定的情况下和期限内,法院判决的副本还应送交其他人。

第183条 补充判决

1. 有下列情形之一的,在行政案件的法院判决生效之前,原判法院根据案件参加人的申请或者自己主动可以作出补充判决:

（1）就案件参加人已经提交了证据和进行了解释,但未作出判决的诉讼请求;

（2）法院判决恢复原告受到侵害的权利,但未指出被告必须实施相应的行为;

（3）法院未判决诉讼费用问题。

2. 法院在审判庭审理是否作出补充判决的问题后作出补充判

决或拒绝作出补充判决的裁定。应将开庭的时间和地点通知案件参加人，但他们不到庭不妨碍上述问题的审理和解决。

3. 对法院的补充判决或拒绝作出补充判决的裁定可以提出上诉。

第184条　法院判决中笔误、印刷错误、明显的计算错误的更正

1. 行政案件判决宣布后，原判法院无权撤销或变更判决。

2. 行政案件的原判法院根据案件参加人的申请或者自己主动，可以更正该判决中的笔误、印刷错误、明显的计算错误，而不论该判决是否已经生效。更正法院判决中的错误问题应在审判庭审理。应将开庭的时间和地点通知案件参加人，但他们不到庭不妨碍对法院判决更正错误问题的审理和解决。

3. 对法院作出的更正法院判决中错误的裁定或者拒绝更正的裁定，可以提出申诉。

第185条　对法院判决的说明

1. 如果判决不明确，根据案件参加人的申请，原判法院有权对法院判决作出说明，但不得变更判决的内容。

2. 如果法院判决未交付执行以及法院判决强制执行期尚未届满，则允许进行说明。

3. 要求说明法院判决的申请应在审判庭审理，应将开庭的时间和地点通知案件参加人，但他们不到庭不妨碍关于说明法院判决的申请的审理和解决。

4. 关于对法院判决进行说明的法院裁定或拒绝对法院判决进行说明的法院裁定书的副本均应最迟在作出相应裁定后的第一个工作日送交案件参加人。

5. 对法院判决进行说明的法院裁定或拒绝进行说明的法院裁定,均可提出申诉。

第 186 条　法院判决的生效

1. 法院判决在本法典规定的上诉期届满而又没有提出上诉时发生法律效力。

2. 如果提出上诉,在上诉审理后,如果原判决没有变更,则原判决发生法律效力。如果第一审法院的判决被上诉审法院的裁定撤销或变更并作出新的判决,则新的判决立即发生法律效力。

第 187 条　法院判决的执行

法院判决在它发生法律效力后依照联邦法律规定的程序付诸执行,但立即执行的情形除外。法院有权根据相关诉讼请求的性质规定执行法律判决的限期。

第 188 条　法院判决的立即执行

1. 在本法典规定的情况下,以及在法院要求判决立即执行的情况下,法院判决应该立即执行。

2. 如果本法典没有明文禁止一定种类行政案件法院判决的立即执行,而由于特殊情况该判决的延缓执行又可能对公私利益造成重大损害,则法院可以根据原告的请求,将行政案件的判决交付立即执行。法院判决的立即执行问题可以在判决作出时一并解决。

3. 关于法院判决立即执行的问题应在审判庭解决。应将开庭的时间和地点通知案件参加人,但他们不到庭不妨碍对法院判决立即执行问题的审理。

4. 对法院关于判决立即执行的裁定或者驳回判决立即执行的裁定,均可以提出申诉。对判决立即执行裁定的申诉,不中止该裁定的执行。

第189条 法院判决的延期执行和分期执行 变更法院判决执行的方式和程序

1. 审理行政案件的法院,根据案件参加人或法警执行员的申请,或者根据当事人的财产状况或其他情况,有权决定判决的延期执行或分期执行,有权变更法院判决的执行方式和程序。

2. 本条第1款所列申请应在审判庭审理。应将开庭的时间和地点通知案件参加人,但他们不到庭不妨碍关于延期执行或分期执行法院判决问题以及变更执行方式和程序等问题的审理和解决。

3. 对于法院关于延期执行判决、分期执行判决或者变更判决执行方式或程序的裁定,可以提出申诉。

第十六章 行政诉讼的中止

第190条 法院中止行政诉讼的义务

1. 有下列情形之一的,法院必须中止行政诉讼:

(1)作为行政案件一方当事人的公民死亡,如果有争议的行政法律关系或其他公法关系允许权利继受(中止到确定权利继受人);

(2)作为行政案件一方当事人的公民被认定无行为能力,而他又没有法定代理人(中止到确定法定代理人);

(3)被告参加反对恐怖主义行动或在非常状态或战争状态、武装冲突条件下执行任务,或者原告参加反对恐怖主义行动或在非常状态或战争状态、武装冲突条件下执行任务(中止到停止参加上述行动);

(4)在俄罗斯联邦主体普通法院、仲裁法院、宪法法院正在审理的另一行政案件判决之前不可能审理本案(中止到相关法院裁判生效之时);

(5)法院向俄罗斯联邦宪法法院提出请求,就本行政案件中应该适用的法律是否违宪的问题提出咨询(中止到法院裁判生效);

(6)法院对双方当事人规定了和解期限(中止到该期限届满)。

2. 在本法典规定的其他情况下,法院也中止行政诉讼。

第 191 条　法院中止行政诉讼的权利

1. 有下列情形之一的,法院根据案件参加人的请求或者自己主动中止行政诉讼:

(1) 国家权力机关、其他国家机关、地方自治机关、其他享有某些国家权力和其他公权力的机关改组或撤销(中止到确定由哪个机关主管有权参加法院所审理领域内的有争议法律关系,或者哪个机关负责维护原告受到侵害的权利、自由和合法利益);

(2) 作为行政案件一方当事人的法人改组(中止到确定权利继受人);

(3) 作为案件参加人的公民正在住院治疗或长期出差(中止到该公民返回);

(4) 公民被征召履行联邦法律规定的国家义务(中止到该公民履行完该国家义务);

(5) 法院指定鉴定(中止到法院收到鉴定结论,或者法院规定的鉴定期届满,或者法院收到不可能进行鉴定的信息);

(6) 法院依照本法典第 66 条和第 67 条发出法院委托(中止到法院收到执行法院委托的材料,或者法院规定的实施有关行为的期限届满,或者法院收到不可能实施有关行为的信息);

(7) 俄罗斯联邦宪法法院受理关于另一案件中所适用的法律侵害公民的宪法权利和自由的告诉,但对该法律的裁决对本行政案件的审理有意义(中止到宪法法院的裁判生效)。

2. 如果案件参加人和他的代理人一起办理行政案件,则在本条第 1 款第 3 项和第 4 项规定的情况下不中止行政诉讼。

第 192 条　行政诉讼的恢复

在造成行政诉讼中止的情况消除后,根据案件参加人的申请恢复行政诉讼或法院主动恢复行政诉讼。

第 193 条 行政诉讼中止和恢复的程序

1. 关于中止行政诉讼或驳回中止行政诉讼的申请、恢复行政诉讼或者驳回恢复行政诉讼的申请的事宜,法院均应作出裁定。

2. 裁定书的副本最迟应在裁定作出之日后的第一个工作日发给案件参加人。

3. 对法院中止行政诉讼的裁定或者驳回中止行政诉讼申请的裁定,可以提出申诉。

# 第十七章　行政诉讼的终止

第 194 条　终止行政诉讼的根据

1. 如果本法典没有不同规定,则有下列情形之一的,终止行政诉讼:

(1) 依照本法典第 126 条第 1 款第(1)项规定的根据,案件不应通过行政诉讼程序进行审理和解决;

(2) 就相同当事人、相同标的、相同理由的行政争议存在已经发生法律效力的法院判决,存在法院接受原告放弃行政诉讼请求、批准双方当事人的和解协议、拒绝受理行政诉状等事项的法院裁定并且裁定已经生效。在对规范性法律文件、含有立法解释并具有规范性质的文件、决定、行为(不作为)提出异议的行政案件中,如果就相同标的的行政诉讼请求存在法院判决并且判决已经发生法律效力,则法院终止该行政诉讼;

(本项由 2016 年 2 月 15 日第 18 号联邦法律修订)

(3) 原告放弃行政诉讼请求并且法院接受放弃;

(4) 双方当事人订立和解协议并且法院批准了和解协议;

(5) 作为行政案件一方当事人的公民死亡,而有争议的公法关系不允许权利继受;

(6) 作为行政案件一方当事人的组织清算完成,而公法关系不允许权利继受。

2. 如果被提出异议的规范性法律文件被撤销或者不再涉及原告的权利、自由和合法利益,法院也有权终止行政诉讼。

3. 在本法典规定的其他情况下,法院也终止行政诉讼。

第 195 条　行政诉讼终止的程序和后果

1. 行政诉讼的终止由法院作出裁定,裁定应指出终止行政诉讼的根据,解决退还国家规费和双方当事人诉讼费用的分摊问题。对于当事人相同、标的相同、根据相同的行政案件,不允许再次向法院提起行政诉讼。

2. 关于终止行政诉讼的裁定书的副本,最迟应在作出裁定之日后的第一个工作日发给案件参加人,如果案件参加人出庭,则当庭发给他们终止行政诉讼的裁定书副本,并由他们出具收条。

3. 对终止行政诉讼的裁定,可以提出申诉。

第十八章　搁置行政诉状不予审理

第196条　搁置行政诉状不予审理的根据

1. 有下列情形之一的,法院搁置行政诉状不予审理。

(1) 原告未遵守联邦法律为该行政案件所规定的行政争议的调整程序;

(2) 提交行政诉状的人不具有行政诉讼行为能力;

(3) 行政诉状没有签字,或者签字人和递交人不具有签字权限和(或)向法院递交的权限,或者签字和提交行政诉状的公职人员的职务地位没有说明;

(4) 在该法院或仲裁法院已经就相同当事人、相同标的和相同理由的争议提起了诉讼;

(5) 根据该行政诉状进行行政诉讼违反了本法典第125条和第126条的要求,而在法院规定的期限内这些违反并未排除,或者在行政诉讼请求变更以后没有提交变更请求所依据的情况的证明文件,且原告并未被免除上述情况的证明责任。

2. 在本法典规定的其他情况下,法院也可以搁置行政案件不予审理。

第197条　搁置行政诉状不予审理的程序和后果

1. 在搁置行政诉状不予审理的情况下,由法院作出搁置行政案件不予审理的裁定。该裁定中应指出哪些情况是搁置行政案件不予审理的根据,排除这些情况的期限,并解决是否可能退还国家规费和当事人分摊诉讼费用的问题。

2. 关于搁置行政诉状不予审理的裁定最迟应在作出裁定之日后的第一个工作日发给案件参加人,而在案件参加人出庭时,则当庭发给案件参加人,并由他们出具收条。

3. 在作为搁置行政诉状不予审理根据的情况消除以后,原告可以再次按一般程序向法院提交行政诉状。

4. 对法院搁置行政诉状不予审理的裁定,可以提出申诉。

第十九章 法院裁定

第 198 条 法院作出裁定的程序

1. 第一审法院不对行政案件进行实体判决的法院裁判,以裁定的形式作出。

2. 法院以个别法院裁判的形式或笔录裁定的形式作出书面裁定。

3. 在下列情况下,法院以个别裁定的形式作出裁定:

(1) 本法典规定可以在对法院判决提出上诉之外单独对裁定提出申诉;

(2) 裁定有关的问题不在审判庭解决;

(3) 在审判庭解决复杂问题时,法院认为必须以个别裁判的形式作出裁定,而对该判裁不得在对判决上诉之外单独提出上诉。

4. 在本条第 3 款规定以外的情况下,法院以笔录裁定的形式作出裁定。

5. 对于审判庭所审理的问题的个别裁定,应按照作出判决的规则在评议室作出。作出笔录形式的裁定时,法庭不退入评议室,而口头宣布,并记入审判庭笔录。在合议庭审理案件时,对作出笔录裁定有关的问题,法官在审判庭商议,而不必退入评议室。

6. 裁定在作出后立即宣布。

第 199 条 法院裁定的内容

1. 以法院个别裁判形式作出的法院裁定,应该指出:

(1) 作出裁定的日期和地点；

(2) 作出裁定的法院名称、法庭组成人员，如果裁定在审判庭作出，还应指出关于法庭书记员的信息材料；

(3) 案件参加人、行政争议的标的、行政案件编号；

(4) 作出裁定所涉及的问题；

(5) 法院作出自己结论的动机、援引法院所遵循的法律和其他规范性法律文件；

(6) 法院审理该问题的结论；

(7) 对法院裁定进行申诉的程序和期限。

2．以法院个别裁判形式作出的裁定，由作出裁定的法官或合议庭人员签字。

3．以笔录形式作出的裁定，应该包括本条第1款第4项至第6项所规定的内容。

第200条　法院的个别裁定

1．在发现违法行为时，法院作出个别裁定，并在作出之日后的第一个工作日将裁定书的副本发给相关机关、组织和公职人员。而相关机关、组织和公职人员必须在1个月内将所采取措施消除违法事实的情况报告法院，但个别裁定中规定了不同期限的除外。

2．个别裁定涉及其利益的人可以对裁定提出申诉。

3．公职人员不将所采取的消除违法行为措施报告法院的，可依照本法典第122条和第123条规定的程序和数额处以诉讼罚金。科处诉讼罚金不免除相应公职人员报告所采取措施的义务。

4．如果法院在审理行政案件时发现案件参加人和法庭审理其他参加人、公职人员、其他人的行为含有犯罪构成，法院应将情况通知调查机关或侦查机关。

第 201 条　法院裁定书的副本送达案件参加人

在以个别裁判形式作出的法院裁定的副本,最迟应在裁定作出日后的第一个工作日送交案件参加人,而在必要时还应送交其他人,但本法典规定了不同期限的除外。裁定副本交付上述人员时,由他们出具收条。

第 202 条　对法院裁定提出申诉的程序

1. 如果本法典有此规定,或者法院裁定妨碍行政案件的继续进行,对第一审法院的裁定,可以与法院判决分开提出申诉。

2. 对于不得与法院判决分开单独进行申诉的法院裁定的异议,可以在对法院判决提出的上诉中叙述。

第 203 条　法院裁定的生效与法院裁定的执行

1. 第一审法院的裁定,如果不得与法院判决分开提出申诉,则自作出裁定时生效。第一审法院的裁定,可以提出申诉的而没有提出申诉,则自提出申诉的期限届满时生效,而如果提出申诉,上诉审法院审理该申诉后并未撤销该裁定的,则在上诉审审理该申诉后生效。

2. 如果第一审法院裁定的执行要求实施一定的行为,则这些行为应在本法典规定的期限内或者在法院依照本法典规定的期限内实施。

第二十章 笔 录

第 204 条 制作笔录的强制性

在第一审法院和上诉审法院的每次庭审(包括预备庭庭审)过程中,以及在审判庭外实施各个诉讼行为时,均应录音和制作书面笔录。

第 205 条 笔录的内容

1. 审判庭笔录或在审判庭外实施各个诉讼行为的笔录,应该反映关于行政案件审理或实施诉讼行为的所有重要信息材料。

2. 案件参加人及其代理人有权申请在相应的笔录中记载他们认为对解决行政案件具有重大意义的情况。

3. 审判庭笔录应该指出:

(1)开庭的日期和地点;

(2)审判庭开始和结束的时间;

(3)审理行政案件的法院的名称、法庭组成人员和法庭书记员;

(4)行政案件的名称和编号;

(5)案件参加人及其代理人、证人、鉴定人、专家和翻译人员到庭情况;

(6)向案件参加人及其代理人、证人、鉴定人、专家和翻译人说明其诉讼权利和诉讼义务的情况;

（7）向翻译人员警告故意作不正确的翻译、向证人警告故意提供虚假证言、向鉴定人警告故意提供虚假鉴定结论的刑事责任的事项；

（8）审判长的指令和不退入评议室而在审判庭所作的裁定；

（9）案件参加人及其代理人的口头声明、申请和解释；

（10）双方当事人就行政案件的事实情况、诉讼请求和答辩所达成的协议；

（11）证人的证言、鉴定人对鉴定结论的解释；

（12）专家的咨询意见和说明；

（13）关于宣读书证、物证的勘验材料、播放录音录像的情况；

（14）检察长、俄罗斯联邦中央选举委员会结论的内容；

（15）法庭辩论的内容；

（16）关于宣读和说明法院判决和法院裁定、说明提出上诉（申诉）的程序和期限的情况；

（17）向案件参加人及其代理人说明其了解审判庭笔录和对笔录提出意见的权利等情况；

（18）审判庭过程中使用速记、录音和（或）录像、视频系统和（或）其他技术手段的情况；

（19）笔录制作的日期。

4.如果使用速记、录音和（或）录像，则在审判庭笔录中应指出本条第3款第（1）项至第（5）项、第（7）项至第（9）项、第（18）项和第（19）项规定的信息材料。使用速记和（或）录音及（或）其他技术手段取得的信息的载体，应附于笔录。

第206条　笔录的制作

1.法庭书记员制作笔录并保证对审判过程中和实施诉讼行为

时使用速记、录音和（或）录像、视频系统及（或）其他技术手段的情况实行监控。使用录音设备制作审判庭笔录应与开庭过程同步进行。通过速记和（或）技术手段取得的信息的载体应附于笔录。

2. 笔录可以手写，也可以使用技术手段制作。笔录由审判长和法庭书记员签字。所有对笔录所作的修改、补充和更正均应予以说明并由审判长和法庭书记员签字证明。

3. 审判庭笔录最迟应在审判庭结束后的 3 日内制作和签字，而在庭外实施诉讼行为的笔录，则最迟应在诉讼行为实施后的第一个工作日制作和签字。

第 207 条 对笔录的意见

1. 案件参加人及其代理人有权了解审判庭笔录、实施各个诉讼行为的笔录、信息载体的记录。根据案件参加人及其代理人的申请并使用他们的费用，可以制作笔录的复印件、信息载体的复制品。

2. 案件参加人及其代理人在笔录签字之日起的 3 日内有权以书面形式向法院对笔录提出意见，指出笔录中不准确和（或）不充分的地方。

3. 上述期限届满以后再对笔录提出的意见，法院不予审理，而退还提交人。

4. 对笔录的意见由在笔录上签字的法官在收到意见之日起的 3 日内审议，不通知案件参加人。

5. 接受对笔录的意见或者全部或部分否定意见，法庭应作出裁定，对笔录的意见以及对意见作出的裁定均应附于审判庭笔录。

第四编 某几类行政诉讼的特别规定

第二十一章　对规范性法律文件提出异议的行政诉讼

第208条　要求认定规范性法律文件无效的行政诉状的提交

1. 被适用规范性法律文件的人员，如果他们是规范性法律文件所调整的关系的主体，并且认为该文件侵害了他们的权利、自由和合法利益，则有权提出要求认定规范性法律文件全部或部分无效的行政诉讼请求。

2. 在联邦法律规定的情况下，社会团体有权向法院提出行政诉讼请求，要求认定规范性法律文件全部或部分无效，以维护该社会团体成员的权利、自由和合法利益。

3. 检察长在其权限范围内以及俄罗斯联邦总统、俄罗斯联邦政府、俄罗斯联邦主体的立法机关（代议制机关）、俄罗斯联邦主体的最高公职人员（俄罗斯联邦国家行政机关最高领导人）以及地方自治机关、地方自治组织首脑，如果认为规范性法律文件不符合具有更高法律效力的文件，侵犯了他们的职权或侵害了公民的权利、自由和合法利益，则有权向法院提出认定包括俄罗斯联邦主体全民公决或自治地方全民公决通过的文件在内的规范性法律文件完全或部分无效的行政诉讼请求。

4. 俄罗斯联邦中央选举委员会、俄罗斯联邦主体中央选举委员会、地方自治组织选举委员会，如果认为规范性法律文件不符合具有更高法律效力的规范性法律文件,侵害了俄罗斯联邦公民的选举权和参加全民公决权利或侵害了中央选举委员会的职权,则有权向法院提出认定实现俄罗斯联邦公民选举权和参加全民公决权利的规范性法律文件全部或部分无效的行政诉讼请求。

5.要求认定规范性法律文件无效的行政诉讼请求,如果审查这些文件是否符合俄罗斯联邦宪法、联邦宪法性法律和联邦法律属于俄罗斯联邦宪法法院、俄罗斯联邦主体宪法法院的权限,则不得依照本法典规定的程序在本法院进行审理。

6.要求认定规范性法律文件无效的行政诉讼请求,可以在该文件的整个有效期内向法院提出。

7.要求认定俄罗斯联邦主体解散自治地方代议制机关的法律无效的行政诉讼请求,可以在有关规范性法律文件通过之日起的10日内提出。

8.对要求认定规范性法律文件无效的行政案件,不允许提出反诉。

9.在共和国最高法院、边疆区法院、州法院、联邦直辖市法院、自治州法院、自治专区法院、俄罗斯联邦最高法院审理要求认定规范性法律文件无效的行政案件时,参加案件审理的公民不具有高等教育学历的,必须委托符合本法典第55条所规定条件的代理人参加案件审理。

第209条 对规范性法律文件提出异议的和要求认定规范性法律文件无效的行政诉状应符合哪些要求

1.行政诉状的格式应该符合本法典第125条第1款所规定的要求。

2.对规范性法律文件提出异议的行政诉状应该指出:

（1）本法典第125条第2款第(1)项、第(2)项、第(4)项和第(8)项及第6款规定的要求；

（2）通过被提出异议的规范性法律文件的国家权力机关、地方自治机关、被授权组织、公职人员的名称；

（3）被提出异议的规范性法律文件的名称、编号、通过日期、来源和公布的日期；

（4）关于对原告适用规范性法律文件的信息材料或者关于原告作为该文件所调整关系的主体的信息材料；

（5）向法院提出请求的主体的哪些权利、自由和合法利益受到侵害，而在提交行政诉状时本法典第208条第2款、第3款和第4款所列组织和人员侵害了行政诉状所维护的其他主体的哪些权利、自由和合法利益，或者存在侵害这些权利、自由和合法利益的现实危险；

（6）应该审查被完全或部分提出异议的规范性法律文件应该符合哪个具有更高法律效力的规范性法律文件，及后者的名称和有关规定；

（7）不能附具本条第3款所列文件中的有关申请；

（8）关于认定被提出异议的规范性法律文件无效的要求，并指出整个规范性法律文件或其某些规定不符合俄罗斯联邦立法。

3. 要求认定规范性法律文件无效的行政诉状应附具本法典第126条第1款第(1)项、第(2)项、第(4)项和第(5)项所规定的文件、证明本条第2款第(4)项所列信息材料的文件以及被提出异议的规范性文件的复印件。

第210条　要求认定规范性法律文件无效的行政诉状受理问题的审议

1. 依照本法典第128条第1款规定的根据，以及在提交要求认定规范性法律文件无效的行政诉状时被提出异议的规范性法律文件或其被提出异议的规定已经不再适用的情况下，法院拒绝受理要求认定规范性法律文件无效的行政诉状。

2. 依照本法典第 129 条第 2 款至第 7 款规定的根据，以及在提交要求认定规范性法律文件无效的行政诉状时被提出异议的规范性法律文件或其被提出异议的规定尚未生效的情况下，法官驳回要求认定规范性法律文件无效的行政诉状。

3. 如果要求认定规范性法律文件无效的行政诉状不符合本法典第 209 条规定的要求，则法官根据本法典第 130 条第 1 款的规定搁置行政诉状不予启动。

第 211 条　对规范性法律文件提出异议的行政诉讼的保全措施

在对规范性法律文件提出异议的行政诉讼中，法院有权采取保全措施，禁止适用被提出异议的规范性法律文件或其被提出异议的规定。不允许在对规范性法律文件提出异议的行政诉讼中适用其他保全措施。

第 212 条　对规范性法律文件提出异议的行政案件并案诉讼

法院依照本法典第 136 条规定的程序，有权将几个对同一规范性法律文件提出异议以及对该文件不同规定提出异议的行政案件合并审理和解决。

第 213 条　对规范性法律文件提出异议的行政案件的法庭审理

1. 对规范性法律文件提出异议的行政案件，法院应在行政诉状提交之日起的 2 个月期限内审理，而在俄罗斯联邦最高法院，应在行政诉状提交之日起的 3 个月内审理。

2. 在竞选期间和全民公决预备期间,对选举委员会通过的规范性法律文件提出异议的行政案件,以及涉及俄罗斯联邦公民实现选举权和参加全民公决权利问题、调整与竞选运动和全民公决准备等的规范性法律文件提出异议的行政案件,法院应在本法典第241条第1款规定的期限内审理。

3. 对俄罗斯联邦主体关于解散地方自治组织代议制机关的法律提出异议的行政案件,法院应在收到行政诉状之日起的10日内审理。

4. 对规范性法律文件提出异议的行政案件,在审理时应有检察长参加。如果对规范性法律文件提出异议的行政案件是根据检察长的行政诉状提起的,则检察长不得对该案提出结论。如果对规范性法律文件提出异议的行政案件不是根据检察长的行政诉状提起的,则参加诉讼的检察长对该行政案件提出结论。

5. 在对规范性法律文件提出异议的行政案件中,应将法庭审理的时间和地点通知案件参加人及其代理人和法庭审理的其他参加人。向法院提出请求的人、为对行政案件提出结论而参加法庭审理的检察长以及通过被提出异议的规范性法律文件的国家权力机关、其他国家机关、地方自治机关、被授权组织的代表或公职人员不到庭,不妨碍行政案件的审理,但法院认为上述人必须到庭的情形除外。

6. 法院可以认定通过被提出异议的规范性法律文件的国家权力机关、其他国家机关、地方自治机关、被授权组织的代表或公职人员必须到庭,而如果他们不到庭,则对他们可以依照本法典第122条和第123条规定的程序和数额处以诉讼罚金。

7. 在审理对规范性法律文件提出异议的行政案件时,法院应审查被提出异议的规范性法律文件规定的合法性。在审查这些规定的合法性时,法院不受要求认定规范性法律文件无效的行政诉状所包含的根据和理由的约束,而应查明本条第8款规定的全部情况。

8. 在审理对规范性法律文件提出异议的行政案件时,法院应查明:

(1) 原告或行政诉状所维护的人的权利、自由和合法利益是否受到侵害;

(2) 是否遵守了规定下列事项的规范性文件的要求:

A. 机关、组织、公职人员通过规范性法律文件的权限;

B. 机关、组织、公职人员有权通过的规范性法律文件的格式和种类;

C. 通过被提出异议的规范性法律文件的程序;

D. 规范性法律文件生效的规则,包括公布、国家登记(如果俄罗斯联邦立法规定该规范性法律文件应进行国家登记)和生效的程序;

E. 被提出异议的规范性文件或其部分是否符合具有更高法律效力的规范性法律文件。

9. 本条第8款第(2)项和第(3)项所规定情况的证明责任在通过被提出异议的规范性法律文件的机关、组织、公职人员。

10. 向法院提出请求的人放弃诉求的,通过被提出异议的规范性法律文件的国家权力机关、其他国家机关、地方自治机关、被授权的组织或公职人员承认诉讼请求的,法院并不因此必须终止对规范性法律文件提出异议的行政诉讼。

11. 如果在审理时确认被提出异议的规范性法律文件曾对原

告适用并侵害其权利、自由和合法利益,在对规范性法律文件提出异议的行政案件审理期间规范性法律文件失效或者被撤销的,不能成为终止该行政诉讼的根据。

12. 对规范性法律文件提出异议的行政案件中,不准许双方当事人达成和解协议。

第214条 对规范性法律文件提出异议的行政诉讼的终止

1. 如果法院确定存在本法典第39条第5款和第6款、第40条第6款和第7款、第194条第1款第(1)项至第(3)项、第(5)项、第(6)项规定的根据,则法院终止对规范性法律文件提出异议的行政诉讼。

2. 有下列情形之一的,法院也有权终止对规范性法律文件提出异议的行政诉讼:

(1)被提出异议的规范性法律文件已经失效、被撤销或修订并不再涉及原告的权利、自由和合法利益;

(2)向法院提出请求的人放弃自己的请求,且不存在妨碍法院接受这种放弃的公共利益。如果他们认为被提出异议的规范性法律文件涉及或侵害了他们的权利、自由和合法利益,则法院接受放弃行政诉求不妨碍他人向法院提出请求。

第215条 对规范性法律文件提出异议的行政案件的法院判决

1. 对规范性法律文件提出异议的行政案件的法院判决,按照本法典第十五章规定的规则作出。

2. 对规范性法律文件提出异议的行政案件中,根据审理结果,法院作出以下判决之一:

(1)如果被提出异议的规范性法律文件完全或部分被认定为

不符合具有更高法律效力的规范性法律文件,则作出完全或部分满足诉讼请求、而该规范性文件自判决生效之日起或自法院指定的日期起完全或部分无效的判决;

（2）如果完全或部分被提出异议的规范性文件被确认符合具有更高法律效力的规范性法律文件,则作出驳回诉讼请求的判决。

3. 如果在审理对规范性法律文件提出异议的行政案件时,法院确定被提出异议的规范性法律文件或其部分规定的适用不符合法院根据该文件在法律体系中的地位所查明的该规范性法律文件或其部分规定的解释,则法院应在对规范性法律文件提出异议的行政案件的判决的理由和结论部分中指出这一点。

4. 对规范性法律文件提出异议的行政案件的判决的结论部分应该包括以下内容:

（1）指出完全或部分满足诉讼请求、认定被提出异议的规范性法律文件完全或部分无效,自法院判决生效之日起或自法院指定的其他日期起完全或部分无效;或者驳回诉讼请求,并指出被提出异议的规范性法律文件的名称、编号、通过的日期和通过或颁布文件的机关或公职人员的名称;

（2）指出应在法院判决生效之日起的1个月内在国家权力机关、其他国家机关、地方自治机关、其他机关、被授权组织或公职人员的官方出版物上公布法院判决或关于作出法院判决的事项,或者刊登被提出异议的规范性法律文件或其部分规定。如果由于官方刊物的出版周期而不可能在规定期限内公布法院判决或作出法院判决的事项,则法院判决可以在该期限之后的最近一期刊登。如果官方刊物已经终止活动,则法院判决或关于作出判决的报道可以在公布有关国家权力机关、其他国家机关、地方自治机关、其他机关、被授权组织或公职人员规范性法律文件的其他出版物上公布；

（3）本法典第180条第6款第4项和第5项规定的信息材料；

（4）法院根据行政案件的具体情况所解决的各项问题，包括法院所查明的规范性法律文件或其部分规定的内容。

5. 在要求认定规范性法律文件完全或部分无效的行政案件中，法院判决依照本法典第186条的规则生效。

第216条 认定规范性法律文件完全或部分无效的后果

1. 如果法院认定规范性法律文件全部或部分无效，则该文件或其相应部分自法院指定的日期起不得再适用。

2. 如果法院认定规范性法律文件全部或部分无效，则具有较低法律效力的、复述被认定无效的规范性法律文件内容的，或者以该文件为基础的或从中派生出来的规范性法律文件也不得再适用。

3. 认定规范性法律文件完全或部分无效的法院判决作出后，不得再重复通过相同的文件对抗法院判决。

4. 如果由于认定规范性法律文件完全或部分无效而发现行政法律关系或其他公法关系的法律调整不充分，从而可能侵害不定范围人群的权利、自由和合法利益，则法院有权责成通过被提出异议的规范性法律文件的国家权力机关、其他国家机关、地方自治机关、其他机关、被授权组织或公职人员通过新的规范性法律文件，以替代被认定全部或部分无效的规范性法律文件。

5. 本条第2款所列关于对规范性法律文件提出异议的诉讼请求，如果截至重复通过规范性法律文件之时被认定完全或部分无效的规范性法律文件与之相抵触的立法并未修订，法院可以通过简易(书面)程序审理,而不审查本条第3款所列重复通过的规范性法律文件的合法性。在通过简易(书面)程序审理案件的情况下,认定规范性法律文件完全或部分无效的法院判决的结论部分应该论证重复通过的规范性法律文件与已被认定完全或部分无效的规范性法律文件的一致性,应该指出相应立法并未修订,而法院判决已经认定与原文件一致的规范性法律文件为无效。如果被告反对采取简易(书面)程序,则法庭审理采用口头形式进行。

第217条 对规范性法律文件提出异议的行政案件中对已经生效的法院判决的申诉

对规范性法律文件提出异议的行政案件中,案件参加人及其代理人和法院判决涉及其权利、自由和合法利益的其他人均可以对已经生效的法院判决提出申诉。

第217—1条 对含有立法解释并具有规范性质的文件提出异议的行政案件的审理

(本条由2016年2月15日第18号联邦法律增补)

1. 对含有立法解释并具有规范性质的文件(以下称具有规范性质的文件)提出异议的行政案件由法院依照本章规定的程序审理和解决,同时考虑本条的特别规定。

2. 本法典第208条第1款——第4款所列人员,如果认为有关文件具有规范性质,而其内容与所解释的规范性规定的实际精神不相符合,则有权提出要求认定具有规范性质的文件无效的行政诉状。

3. 在审理对具有规范性质的文件提出异议的行政案件时,法院应该查明:

(1)原告或行政诉状所维护的其他人的权利、自由和合法利益是否受到侵犯；

（2）被提出异议的文件是否具有规范性质,从而有可能作为强制性规定对不定范围人群多次适用；

（3）被提出异议的文件是否符合它所解释的规定的实际精神。

4. 本条第3款第(3)项所列情况的证明责任由通过具有规范性质文件的机关、组织或公职人员承担。

5. 根据对具有规范性质的文件提出异议的行政诉状的审理结果,法院作出以下判决之一：

（1）如果被提出异议的具有规范性质的文件完全或部分不符合它所解释的规范性规定的实际精神,规定了其解释的规范性规定所没有规定的、适用于不定范围人群并可多次适用的一般强制规则,则法院判决完全或部分满足诉讼请求,并判决该文件自判决作出之日起或自法院规定的其他日期起完全无效或部分无效；

（2）如果被提出异议的文件完全或部分不具有规范性质并且符合它所解释的规范性规定的内容,则法院判决驳回行政诉状。

第二十二章 对国家权力机关, 地方自治机关,具有某些国家权力或其他公权力的机关、组织、公职人员、国家工作人员和自治地方工作人员的决定、行为(不作为)提出异议的行政诉讼

第218条 对国家权力机关,地方自治机关,具有某些国家权力或其他公权力的机关、组织、公职人员、国家工作人员和自治地方工作人员的决定、行为(不作为)提出异议的行政诉讼请求的提出和对相关行政案件的审理

1. 如果公民、组织、其他人认为自己的权利、自由和合法利益受到侵害或被争议,或者对自己的权利、自由和合法利益的行使造成了障碍或者其被非法强加某些义务,其可以向法院提出请求,对国家权力机关,地方自治机关,具有某些国家权力或其他公权力的机关、组织、公职人员、国家工作人员和自治地方工作人员(下称具有国家权力或其他公权力的机关、组织和人员)、法官资格审查委员会、考试委员会的决定、行为(不作为)提出异议。公民、组织和其他人员可以直接向法院提出请求,对具有国家权力或其他公权力的机关、组织和人员的决定、行为(不作为)提出异议,也可以通过调整争议的非诉程序向上级机关、组织或上级人员提出

请求。

2. 如果联邦法律有相关规定,社会团体认为该社会团体成员的权利、自由和合法利益受到侵害或被争议,或者对他们权利、自由和合法利益的行使造成了障碍或者他们被非法加以某些义务,社会团体也有权向法院提出请求,对具有国家权力或其他公权力的机关、组织和人员的决定、行为(不作为)提出异议。

3. 如果联邦法律规定必须遵守调整行政争议的审前程序,则只有在遵守该程序后方可向法院提出请求。

4. 在本法典规定的情况下,国家权力机关,俄罗斯联邦人权代表,俄罗斯联邦主体人权代表,其他机关、组织和人员以及检察长在其职权范围内可以向法院提出行政诉讼请求,要求认定具有国家权力或其他公权力的机关、组织和人员的决定、行为(不作为)为非法,以维护他人的权利、自由和合法利益,如果他们认为,被提出异议的决定、行为(不作为)不符合规范性法律文件,侵害了公民、组织、其他人的权利、自由和合法利益,对他们实现其权利、自由和合法利益造成障碍或者对他们非法强加某些义务。

5. 行政诉状按照本法典第二章的规则提交法院。

6. 如果正在通过其他审判程序对有国家权力或其他公权力的机关、组织和人员的决定、行为(不作为)的合法性进行审查,则不得依照本法典规定的程序审理要求认定具有国家权力或其他公权力的机关、组织和人员的决定、行为(不作为)为非法的行政诉状。

第219条 向法院提出行政诉讼请求的期限

1. 如果本法典未规定向法院提出行政诉讼请求的其他期限,则在公民、组织其他人知悉其权利、自由和合法利益受到侵害之日起的3个月内可以向法院递交行政诉状。

2. 对地方自治组织代议制机关自行解散的决定提出异议的行政诉状,或者对自治地方代议制机关关于地方自治组织首脑辞职的决定提出异议的行政诉状,可以在相关决定作出之日起的10天内向法院提交。

3. 要求认定法警执行员的决定、行为(不作为)非法的行政诉状可以在公民、组织、其他人知悉其权利、自由和合法利益受到侵害之日起的5日内向法院提交。

4. 对俄罗斯联邦主体行政机关、地方自治机关关于举行公共活动(集会、群众大会、游行、示威、纠察)有关问题的决定、行为(不作为)及与上述机关要求事先说明这种公共活动目的和举行方式有关的决定、行为(不作为)提出异议的行政诉状,可以在公民、组织、其他人在知悉其权利、自由和合法利益受到侵害之日起的10日内向法院提交。

5. 上述期限的迟误不是法院拒绝受理行政诉状的根据。预备庭或审判庭应查明迟误向法院提交诉状期限的原因。

6. 上级机关、上级公职人员不及时审理或不审理有关请求,即证明存在迟误向法院提交诉状的正当原因。

7. 由于本条第6款规定的原因或其他正当原因而迟误了提交行政诉状期限的,法院可以恢复期限,但本法典未规定可以恢复的情形除外。

8. 没有正当原因而迟误向法院提交诉状的期限的,以及不能恢复迟误的(包括由于正当原因迟误的)期限的,法院可以驳回行政诉讼请求。

第220条　要求认定具有国家权力或其他公权力的机关、组织和人员的决定、行为(不作为)为非法的行政诉状应符合哪些要求

1. 行政诉状的格式应该符合本法典第125条第1款所规定的要求。

2. 要求认定具有国家权力或其他公权力的机关、组织和人员的决定、行为(不作为)为非法的行政诉状应该指出：

(1) 本法典第125条第2款第(1)项、第(2)项、第(8)项和第(9)项以及第6款规定的信息材料；

(2) 具有国家权力或其他公权力的机关、组织和人员以及所作决定或所实施的行为(不作为)；

(3) 被提出异议的决定的名称、编号、通过的日期,被提出异议的行为(不作为)实施的日期和地点；

(4) 不作为是什么(具有国家权力或其他公权力的机关、组织和人员依照法定义务应该作出什么决定或实施什么行为而不作出决定或不实施行为)；

(5) 关于被提出异议的决定、行为(不作为)已知的其他信息材料。如果是对法警执行员的决定、行为(不作为)提出异议,则还应该指出被提出异议的决定、行为(不作为)所依据的执行文件和执行程序；

(6) 原告认为他的哪些权利、自由和合法利益因决定、行为(不作为)而受到侵害,如果是检察长提交行政诉状或本法典第40条所列人员提交行政诉状,则应指出他人的什么权利、自由和合法利益受到侵害；

(7) 应该审查被提出异议的决定、行为(不作为)是否符合哪些规范性法律文件或者有关规定；

（8）行政诉状不能附具本条第3款所列文件和相应的申请；

（9）是否向上级机关或上级人员就行政诉状所提出的标的提出过告诉。如果提出过告诉,应该指出提出的日期和审议的结果；

（10）关于认定具有国家权力或其他公权力的机关、组织和人员的决定、行为(不作为)为非法的诉求。

3. 要求认定具有国家权力或其他公权力的机关、组织和人员的决定、行为(不作为)为非法的行政诉状应附具本法典第125条第1款所列文件,如果上级机关或上级人员审议过与行政诉状标的相同的告诉,则还应附具上级机关或上级人员答复的复印件。

第221条　要求认定具有国家权力或其他公权力的机关、组织和人员的决定、行为(不作为)为非法的行政案件的参加人

1. 在要求认定具有国家权力或其他公权力的机关、组织和人员的决定、行为(不作为)为非法的行政案件中,参加人的构成依照本法典第四章的规则并参照本条第2款规定的特点确定。

2. 在要求认定具有国家权力或其他公权力的机关、组织和人员的决定、行为(不作为)为非法的行政案件中,公职人员、国家工作人员和自治地方工作人员工作的相关机关作为第二被告参加案件。

第222条　法院对要求认定具有国家权力或其他公权力的机关、组织和人员的决定、行为(不作为)为非法的行政诉状受理问题的审理

1. 依照本法典第128条第1款规定的根据,法院拒绝受理要求认定具有国家权力或其他公权力的机关、组织和人员的决定、行为(不作为)为非法的行政诉状。

2. 依照本法典第129条第1款规定的根据,法院退回要求认定具有国家权力或其他公权力的机关、组织和人员的决定、行为(不作为)为非法的行政诉状。

3. 依照本法典第130条第1款规定的根据,如果行政诉状不符合本法典第220条规定的要求,则法院搁置要求认定具有国家权力或其他公权力的机关、组织和人员的决定、行为(不作为)为非法的行政诉状。

4. 如果法院受理要求认定具有国家权力或其他公权力的机关、组织和人员的决定、行为(不作为)为非法的行政诉状,法院最迟应在作出受理裁定之日后的第一个工作日将相关裁定书的副本送交案件参加人。法院受理要求认定俄罗斯联邦主体行政机关、地方自治机关关于举行公共活动(集会、群众大会、游行、示威、纠察)有关问题的决定、行为(不作为)、与上述机关要求事先说明这种公共活动目的和举行方式有关的决定、行为(不作为)提出异议的行政诉状时,应采用保证最快送达的方式将受理裁定书的副本送交案件参加人。对被告,如果这些诉状和文件还没有依照本法典第125条第7款予以送交,除该裁定书的副本外,还应送交行政诉状的副本和所附具文件的复印件。

第223条　要求认定具有国家权力或其他公权力的机关、组织和人员的决定、行为(不作为)为非法的行政诉讼保全措施

要求认定具有国家权力或其他公权力的机关、组织和人员的决定、行为(不作为)为非法的行政案件中,法院有权依照本法典第七章规定的程序中止被提出异议的决定中涉及原告的那一部分的效力,或者中止对原告实施被提出异议的行为。

第224条　要求认定具有国家权力或其他公权力的机关、组织和人员的决定、行为(不作为)为非法的几个行政案件并案诉讼

法院有权依照本法典第136条规定的程序将几个法院审理中的要求认定具有国家权力或其他公权力的机关、组织和人员的决定、行为(不作为)为非法的行政案件合并审理和解决,包括决定、行为(不作为)的不同部分被提出异议和(或)被多个原告提出异议。

第 225 条　要求认定具有国家权力或其他公权力的机关、组织和人员的决定、行为(不作为)为非法的行政诉讼的终止

1. 如果法院确定存在本法典第 39 条第 5 款和第 6 款、第 40 条第 6 款和第 7 款、第 194 条第 1 款和第 2 款规定的根据,则法院终止要求认定具有国家权力或其他公权力的机关、组织和人员的决定、行为(不作为)为非法的行政诉讼。

2. 如果被提出异议的决定被撤销或被修订而不再涉及原告的权利、自由和合法利益,则法院也有权终止要求认定具有国家权力或其他公权力的机关、组织和人员的决定、行为(不作为)为非法的行政诉讼。

第 226 条　要求认定具有国家权力或其他公权力的机关、组织和人员的决定、行为(不作为)为非法的行政案件的法庭审理

1. 如果本法典未有不同规定,要求认定具有国家权力或其他公权力的机关、组织和人员的决定、行为(不作为)为非法的行政案件由法院在法院收到行政诉状之日起的 1 个月内审理,而在俄罗斯联邦最高法院,则在收到行政诉状之日起的 2 个月内审理。

2. 对地方自治组织代议制机关自行解散的决定提出异议的行政诉状,或者对自治地方代议制机关关于地方自治组织首脑辞职的决定提出异议的行政诉状,法院应在收到行政诉状之日起的 10 天内审理。

3. 对认定法警执行员的决定、行为(不作为)提出异议的行政案件,法院应在收到行政诉状之日起的 10 天内审理。

第四编　某几类行政诉讼的特别规定

4. 对俄罗斯联邦主体行政机关、地方自治机关关于举行公共活动(集会、群众大会、游行、示威、纠察)有关问题的决定、行为(不作为)及与上述机关要求事先说明这种公共活动的目的和举行方式有关的决定、行为(不作为)提出异议的行政案件,法院应在收到行政诉状之日起的10天内审理。在举行这种公共活动前立案的行政案件,法院应在上述期限内审理,但不得迟于举行活动的前一天。在举行这种公共活动之日提起的行政案件,应在当日审理。如果行政案件审理的最后一天是休息日或节假日,而且到这一天之前行政案件还没有审理或不可能审理,则法院应在休息日或节假日审理该行政案件。

5. 本条第1款和第3款规定的审理对具有国家权力或其他公权力的机关、组织和人员、法警执行员的决定、行为(不作为)提出异议的行政案件的期限,可以依照本法典第141条第2款规定的程序延长。

6. 在对具有国家权力或其他公权力的机关、组织和人员的决定、行为(不作为)提出异议的行政案件中,应将开庭的时间和地点通知案件参加人及其代理人和法庭审理的其他参加人。已经按照适当方式通知上述人员而其不到庭的,不妨碍行政案件的审理和解决,但法院不认为他们必须到庭的情形除外。

7. 法院可以认定作出被提出异议的决定或实施被提出异议的行为(不作为)的具有国家权力或其他公权力的机关、组织和人员的代表必须到庭,他们不到庭的,可以依照本法典第122条和第123条规定的程序和数额处以诉讼罚金。

8. 在审理对具有国家权力或其他公权力的机关、组织和人员的决定、行为(不作为)提出异议的行政案件时,法院审查决定、行为(不作为)中被提出异议的部分的合法性和对原告或相关行政诉状所维护其权利、自由和合法利益的其他人的合法性。在审查这些决定、行为(不作为)的合法性时,法院不受要求认定具有国家权力或其他公权力的机关、组织和人员的决定、行为(不作为)为非法的行政诉状所提出的根据和理由的约束,而应全面查明本条第9款和第10款规定的情况。

9. 如果本法典未有不同规定,在审理对具有国家权力或其他公权力的机关、组织和人员的决定、行为(不作为)提出异议的行政案件时,法院应查明:

(1)原告或提起行政诉状所维护其权利、自由和合法利益的其他人的权利、自由和合法利益是否受到侵害;

(2)是否遵守了向法院提出请求的期限;

(3)规定下列事项的规范性法律文件的要求是否得到遵守:

A. 作出被提出异议的决定或实施被提出异议的行为(不作为)的具有国家权力或其他公权力的机关、组织和人员的权限;

B. 被提出异议的决定或实施被提出异议的行为(不作为)的程序,如果规定了该程序;

C. 被提出异议的决定或实施被提出异议的行为(不作为)的根据,如果规范性法律文件规定了该根据;

(4)被提出异议的决定、所实施被提出异议的行为的内容是否符合调整争议关系的规范性法律文件。

10. 如果在对具有国家权力或其他公权力的机关、组织和人员的决定、行为(不作为)提出异议的行政案件中,联邦法律限制对这种决定、行为(不作为)提出异议(例如对法官资格审查委员会、考试委员会的某些决定、行为(不作为)提出异议)的理由进行限制,则法院应查明本条第 9 款第 3 项第(1)、(2)目和第(3)目第 B、C 两点所指出的情况。如果联邦法律对具有国家权力或其他公权力的机关、组织和人员的决定、行为(不作为)提出异议规定的根据未超出这些情况的范围,则法院应审查这些根据。

11. 本条第 9 款第(1)项和第(2)项所列情况的证明责任在向法院提出请求的人,而本条第 9 款第(3)项和第(4)项以及第 10 款所列情况的证明责任在具有国家权力或具有其他公权力并作出被提出异议的决定和实施被提出异议的行为(不作为)的机关、组织和人员。

12. 如果具有国家权力或其他公权力并作出被提出异议的决定或实施被提出异议的行为(不作为)的机关、组织和人员不提交必要的证据,则法院可以主动调取必要的证据。如果上述机关、组织和人员不提交法院所调取的证据,也不报告法院不可能提交证据,则依照本法典第 122 条和第 123 条规定的程序和数额对上述机关、组织和人员处以诉讼罚金。

13. 在对具有国家权力或其他公权力的机关、组织和人员的决定、行为(不作为)提出异议的行政案件中,法院可以认为必须公布法院的判决。

第 227 条　对具有国家权力或其他公权力的机关、组织和人员的决定、行为(不作为)提出异议的行政案件的法院判决

1. 在对具有国家权力或其他公权力的机关、组织和人员的决定、行为(不作为)提出异议(本条中下称对决定、行为(不作为)提出异议)的行政案件中,法院判决依照本法典第十五章规定的规则作出。

2. 法院根据对具有国家权力或其他公权力的机关、组织和人

员的决定、行为(不作为)提出异议的行政案件的审理结果,作出下列判决之一:

(1)如果法院认定决定、行为(不作为)不符合规范性文件并侵害了原告的权利、自由和合法利益,则作出判决,完全或部分满足诉讼请求,认定被提出异议的决定、行为(不作为)无效,并责成被告排除对原告权利、自由和合法利益的侵害及排除原告和行政诉状所维护利益的人员实现其合法利益的障碍;

(2)驳回要求认定被提出异议的决定、行为(不作为)无效的诉讼请求。

3.法院判决的结论部分应该包括:

(1)指出认定决定、行为(不作为)不符合规范性法律文件并侵害原告的权利、自由和合法利益,指出完全或部分满足行政诉求,指出作出被提出异议的决定、实施被提出异议的行为(不作为)的具有国家权力或其他公权力的机关、组织和人员,指出被提出异议的决定、行为(不作为)的实质。如果满足对决定、行为(不作为)提出异议的行政诉求,而被告必须作出某种决定和实施某种行为,以排除对原告权利、自由和合法利益的侵害及排除其权利、自由和合法利益实现的障碍,法院应指出被告必须就具体问题作出决定、实施一定的行为或者以其他方式排除对原告权利、自由和合法利益的侵害并且规定排除侵害的期限,还要指出在法院判决生效之日起的1个月内必须向法院和本案的原告报告行政案件判决的执行情况,但法院规定了不同期限的除外;

(2)本法典第180条第6款第(4)项和第(5)项所规定的信息材料;

(3)法院根据行政案件具体情况所解决的问题,包括撤销或保留行政诉讼保全措施；

（4）指出必须在法院规定的期限内在官方出版物上公布法院判决。

4. 说明理由的法院判决应根据本法典第177条的规则制作。在对具有国家权力或其他公权力的机关、组织和人员的决定、行为（不作为）提出异议的行政案件中，如果案件涉及举行公共活动（集会、群众大会、游行、示威、纠察），则在法庭上仅宣布法院判决的结论部分，如果是驳回行政诉讼请求，则应该于作出判决的当日在法庭审理终结后尽可能短的期限内制作说明理由的法院判决。

5. 在对决定、行为（不作为）提出异议的行政案件中，法院判决依照本法典第186条的规则生效。

6. 对决定、行为（不作为）提出异议的行政案件的行政判决的副本应发给案件参加人及其代理人，并由他们出具收条，或者在法院判决的最终形式通过之日起的3日内送交他们，而在与举行公共活动（集会、群众大会、游行、示威、纠察）有关的行政案件中，于举行活动日期之前或举行活动当日审理的，判决应该在制作之后使用保证最快送达的方式送达。

7. 在满足行政诉求的法院判决生效之日或在判决交付立即执行之日，应该使用保证最快送达的方式将判决送交其决定、行为（不作为）被提出异议的国家权力机关，其他国家机关，地方自治机关，具有国家权力或其他公权力的机关、组织的领导人，法官资格审查委员会主席，法官任职考试委员会主席、公职人员，国家工作人员或自治地方工作人员。法院还应该将该判决的副本送交上级机关、组织和上级公职人员、检察长及其他人。

8. 在对决定、行为(不作为)提出异议的行政案件中，判决依照本法典第187条的规则交付执行。如果俄罗斯联邦主体行政机关、地方自治机关的决定、行为(不作为)涉及协商举行公共活动(集会、群众大会、游行、示威、纠察)的地点和时间的问题以及与上述机关事先说明这种公共活动的目的和举行方式的问题，而法院判决认定上述决定、行为(不作为)为非法，判决应该立即执行。

9. 如果决定、行为(不作为)被认定为非法，则具有国家权力或其他公权力并作出被提出异议的决定、实施被提出异议的行为(不作为)的机关、组织和人员必须排除违法行为、排除原告实现其权利、自由和合法利益的障碍以及行政诉状所维护其合法权利的人实现合法利益的障碍，在法院规定的期限内使用法院规定的方式恢复这些权利、自由和合法利益，同时应在认定决定、行为(不作为)非法的法院判决生效之日起的1个月内将情况通知法院，并通知受到有关违法行为侵害或妨碍的组织和其他人员。

10. 在对决定、行为(不作为)提出异议的行政案件中，如果法院判决中说明必须公布法院判决，则应该在法院规定的期限内在法院指定的出版物上公布，如果未指定出版物，则在机关、组织和公职人员的官方出版物上公布。如果由于出版物的出版周期而不可能在规定期限内公布法院判决或作出法院判决的事项，则法院判决可以在该期限之后的最近一期刊登。如果官方出版物终止其活动，则法院判决应在公布有关国家权力机关、地方自治机关、被授权的组织或公职人员的规范性法律文件的出版物上公布。

第 228 条　在对具有国家权力或其他公权力的机关、组织和人员的决定、行为（不作为）提出异议的行政案件中对法院裁判的上诉

对具有国家权力或其他公权力的机关、组织和人员的决定、行为（不作为）提出异议的行政案件中，对法院判决可以依照本法典规定的一般规则提出上诉。

第二十三章 俄罗斯最高法院纪律审判庭所审理的行政诉讼

第 229 条 本章规则的适用问题

1. 在俄罗斯联邦最高法院纪律审判庭(下称纪律审判庭)的诉讼依照本法典第二十二章规定的程序并考虑本章规定的特点进行。

2. 本章中的原告是向纪律审判庭提出告诉(请求)的人。

第 230 条 向俄罗斯联邦最高法院纪律审判庭提出告诉的权利

1. 俄罗斯联邦法官最高资格审查委员会(下称法官最高资格审查委员会)决定或俄罗斯联邦主体法官资格审查委员会以法官实施纪律过失为由决定提前终止法官权限时,该法官有权对上述决定向纪律审判庭提出申诉。

2. 在俄罗斯联邦法官最高资格审查委员会或俄罗斯联邦主体法官资格审查委员会驳回因法官实施纪律过失而提前终止法官权限请求的情况下,俄罗斯联邦最高法院院长有权向纪律审判庭提出因法官实施纪律过失而提前免除法官权限的请求。

3. 对法官最高资格审查委员会对法官进行纪律处分的决定和法官最高资格审查委员会关于法官专业考核结果的决定,可以向纪律审判庭提出申诉。

第231条 向纪律审判庭提出的告诉应该符合哪些要求

1. 在向纪律审判庭提出的告诉中应该指出:

(1) 纪律审判庭作为受理告诉的机关;

(2) 提出告诉的人及其邮政地址、电子邮件地址(如果有的话)、电话号码;

(3) 原告所不同意的决定,以及作出该决定的法官资格审查委员会的名称;

(4) 对纪律审判庭的请求;

(5) 原告据以提出请求的根据和证明这些情况的证据;

(6) 关于代理人的信息材料;

(7) 所附具文件的清单。

2. 诉状还可以包括发送邮件所能利用的其他信息材料。

第232条 俄罗斯联邦最高法院纪律审判庭受理告诉

1. 在纪律审判庭收到诉状之日起的10日内,纪律审判庭成员审理诉状的受理问题。

2. 如果诉状符合要求,则接收诉状的纪律审判庭成员应作出受理裁定,如果诉状的审理不属于纪律审判庭的权限,以及如果原告未遵守对诉状的要求,则作出退回诉状的裁定,裁定应说明理由。

3. 在受理诉状的裁定中,应该指出开庭的时间和地点,应该传唤参加纪律审判庭法庭审理的人员以及准备行政案件法庭审理应该实施的行为。

4. 作出原告所不同意决定的法官资格审查委员会,应在收到本条第3款所列裁定书之时起的10日期限内将对纪律审判庭所受理的诉状的答辩状送交(包括用电子邮件送交)法院。

5．纪律审判庭所征询的材料和信息应该在征询所规定的期限内提交（包括使用电子邮件提交）。

第233条 俄罗斯联邦最高法院纪律审判庭成员回避（自行回避）的根据

除本法典第31条和第32条所规定的情形外，如果纪律审判庭成员作为法官资格审查委员会成员曾经参加过该行政案件的审理，则无权审理纪律审判庭收到的行政诉讼案件。

第234条 俄罗斯联邦最高法院纪律审判庭对行政案件的审理

1．纪律审判庭由3名法官组成合议庭审理行政案件。

2．在纪律审判庭审理案件时，由纪律审判庭庭长或一名纪律审判庭成员担任审判长。诉讼行为进行的程序和先后顺序由审判长决定。

3．在本法典第11条规定的情况下并依照该条规定的程序，以及在联邦法律规定的其他情况下，纪律审判庭对行政案件可以在不公开的审判庭审理。

4．案件参加人及其代理人，如果收到开庭时间和地点的通知而不到庭，又未提出由于正当原因不能到庭的申请，则不妨碍行政案件的审理。

第235条 俄罗斯联邦最高法院纪律审判庭审理的行政案件中证明责任的划分

1．如果原告是公民，则证明原告所不同意的决定的根据和合法性的证明责任在作出该决定的法官资格审查委员会。

2．俄罗斯联邦最高法院院长向纪律审判庭提出请求时，必须证明他所不同意的法官资格审查委员会的决定是不合法和没有根据的。

第 236 条　俄罗斯联邦最高法院纪律审判庭对告诉的审查范围

1．纪律审判庭在审理原告提出告诉的行政案件时，不受告诉所提出的根据和理由的约束。

2．在审理俄罗斯联邦最高法院院长提出告诉的行政案件时，纪律审判庭审查原告所不同意的法官资格审查委员会的决定，以诉状所提出的根据和理由为限。

3．纪律审判庭在审理案件时，有权主动调取证据，以便正确地审理行政案件。

第 237 条　中止行政诉讼的根据

如果必须审查有关材料和信息材料，以及如果存在妨碍行政案件长时间审理的其他情况，则纪律审判庭对已经受理的行政案件的审理可以中止 6 个月。

第 238 条　俄罗斯联邦最高法院纪律审判庭的判决

1．根据对告诉（请求）的审理结果，纪律审判庭作出以下判决之一：

（1）满足诉求，完全或部分撤销有关法官资格审查委员会的决定；

（2）满足诉求并终止法官的权限；

（3）驳回诉求。

2．根据案件参加人的申请，可以在判决作出之日将纪律审判庭判决的结论部分发给案件参加人。

3．纪律审判庭判决的副本应该交付案件参加人及其代理人，并由他们出具收条，或者在说明理由的判决制作之日起的 5 个工作日内将判决送交他们。

4. 对纪律审判庭的判决,双方当事人可以通过上诉程序、申诉程序提出上诉(申诉),也可以由于新发现的情况或新的情况而进行再审。

第二十四章 维护公民选举权和参加全民公决权利的行政诉讼

第239条 向法院提出维护公民选举权和参加全民公决权利的行政诉讼

1. 选民、全民公决参加人对国家权力机关、地方自治机关、其他机关、选举委员会、全民公决委员会、公职人员侵犯这些公民选举权或参加全民公决权利的决定、行为(不作为)有权向法院提出异议。

2. 候选人及其代理人、选举联合会及其代理人、政党、政党的区域机关和部门、其他社会团体、全民公决倡议小组及其被授权的代理人,对国家权力机关、地方自治机关、其他机关、选举委员会、全民公决委员会、公职人员侵害其权利、自由和合法利益的决定、行为(不作为)有权向法院提出异议。

3. 观察员对国家权力机关、地方自治机关、社会团体、选举委员会、全民公决委员会、公职人员侵害其与实现观察员权限有关的权利的决定、行为(不作为)有权向法院提出异议。

4. 选举委员会、全民公决委员会的成员有权对国家权力机关、地方自治机关、社会团体、选举委员会、全民公决委员会、公职人员侵害其与实现委员会权限有关的权利的决定、行为(不作为)向法院提出异议。

5. 选举委员会、全民公决委员会在其权限范围内,有权对国家权力机关、地方自治机关、公职人员、候选人、选举联合会、政党及其区域机关和其他部门、其他选举联合组织、全民公决倡议小组、全民公决的其他参加人小组违反选举立法和全民公决立法的事实向法院提出行政诉讼请求。

6. 在本条、本法典第 39 条第 1 款规定的情况下,为维护俄罗斯联邦公民的选举权、参加全民公决权利,检察长有权向法院提起行政诉讼请求。

7. 选民、选举联合会、国家权力机关、地方自治机关、检察长有权向法院提出被授权机关、公职人员或选举委员会应该确定选举(俄罗斯联邦总统选举、俄罗斯联邦联邦委员会国家杜马议员的选举除外)的最后期限的行政诉讼请求;

8. 公民、选举联合会、地方自治组织首脑、俄罗斯联邦主体国家权力机关、俄罗斯联邦主体选举委员会、检察长有权向法院提出决定地方全民公决的行政诉讼请求。

9. 公民、地方自治机关、检察长、被授权的国家权力机关可以向法院提出对进行地方全民公决的决定和地方全民公决作出的决定提出异议的行政诉讼请求;

10. 选举委员会作出认证候选人名单、拒绝认证候选人名单的决定,作出登记候选人、候选人名单和拒绝候选人、候选人名单登记的决定时,登记候选人和候选人名单的选举委员会、候选人、被作出决定的选举联合会以及在同一选区登记认证候选人、候选人名单的选举联合会,可以向法院提出行政诉讼请求,对上述决定提出异议。

11. 进行了候选人登记、候选人名单登记的选举委员会、在同一选区登记的候选人、在同一选区登记了候选人名单的选举联合会以及在法律规定情况下的检察长可以向法院提起行政诉讼请求,要求撤销候选人登记、候选人名单登记。

12. 下列机关有权向法院提出行政诉讼,要求撤销全民公决倡议小组、全民公决其他参加人小组的登记:

(1) 俄罗斯联邦中央选举委员会,在进行俄罗斯联邦全民公决时;

(2) 俄罗斯联邦主体选举委员会,在进行俄罗斯联邦主体全民公决时;

(3) 地方自治组织选举委员会,在进行地方全民公决时。

13. 俄罗斯联邦中央选举委员会可以向法院提出行政诉讼,要求终止俄罗斯联邦全民公决倡议小组、全民公决倡议鼓动小组的活动。

14. 下列人员可以向法院提出解散选举委员会、解散全民公决委员会的行政诉讼请求:

(1) 俄罗斯联邦联邦会议联邦委员会成员或俄罗斯联邦联邦会议国家杜马议员不少于总人数1/3的小组,要求解散俄罗斯联邦中央选举委员会;

(2) 俄罗斯联邦联邦会议联邦委员会成员或俄罗斯联邦联邦会议国家杜马议员不少于总人数1/3的议员小组,或者俄罗斯联邦主体立法机关(代议制机关)议员不少于总人数1/3的议员小组,或者上述机关选任议院议员不少于总人数1/3的议员小组,或者俄罗斯联邦中央选举委员会,要求解散选举俄罗斯联邦会议国家杜马议员的俄罗斯联邦主体选举委员会、选区选举委员会;

(3) 俄罗斯联邦主体立法机关(代议制机关)议员不少于总人数1/3的议员小组,或者上述机关选任议院议员不少于总人数1/3

的议员小组,或者俄罗斯联邦中央选举委员会,或者俄罗斯联邦主体选举委员会,要求解散选举俄罗斯联邦主体立法机关(代议制机关)的选区选举委员会;

(4)俄罗斯联邦主体立法机关(代议制机关)议员不少于总人数1/3的议员小组,或者上述机关选任议院议员不少于总人数1/3的议员小组,或者地方自治组织代议制机关议员不少于总人数1/3的议员小组,或者俄罗斯联邦中央选举委员会,或者俄罗斯联邦主体选举委员会,要求解散地方自治组织代议制机关、区域委员会、地区委员会的选区选举委员会;

(5)本条第4款所列议员小组和选举委员会,以及相应的自治地方选举委员会,要求解散镇选举委员会。

15.按规定程序进行登记并作为候选人参加选举的公民、参加选举和提名候选人或提出担任选任职务的候选人名单的选举联合会、全民公决倡议小组和(或)它授权的代理人,在法律规定情况下的检察长,均有权向法院提起行政诉讼,要求撤销选举委员会、全民公决委员会关于投票结果的决定。

16.选民、全民公决参加人有权向法院提起行政诉讼,对选区选举委员会、全民公决委员会确定其所参加选举的选区或参加全民公决投票的地区的投票结果的决定、行为(不作为)提出异议。

17.事先向上级选举委员会、包括向俄罗斯联邦主体选举委员会、俄罗斯联邦中央选举委员会提出请求,不是向法院提出对选举委员会决定提出异议的行政诉讼请求的必要条件。

第240条 向法院提出维护俄罗斯联邦公民选举权和参加全民公决权利的行政诉讼请求的期限

1.如果本法典没有不同规定,维护俄罗斯联邦公民选举权和参加全民公决权利的行政诉状,可以在原告知悉或应该知悉其选举权或参加全民公决权利受到侵害以及选举和全民公决立法被违反之日起的 3 个月内向法院提交。

2. 要求撤销选举委员会、全民公决委员会关于投票结果的决定的行政诉状,可以在投票结果决定作出之日起的 10 日内向法院提交。

3. 在选举结果、全民公决结果公布以后,要求撤销选举委员会、全民公决委员会关于投票结果的决定的行政诉状,可以在正式公布相关选举结果、全民公决结果之日起的 3 个月内向法院提交。

4. 涉及选举委员会关于候选人登记、候选人名单登记、全民公决倡议小组登记以及对它们不予登记的决定、关于候选人名单认证、单一代表(多名代表)选区候选人名单认证、关于拒绝进行认证决定的行政诉状,可以在选举委员会、全民公决委员会作出有关决定之日起的 10 日内向法院提交。

5. 要求撤销候选人登记、候选人名单登记的行政诉状,最迟应在投票之日前 8 天向法院提交。

6. 要求解散选举委员会、全民公决委员会的行政诉状,应该在下列期限向法院提交:

(1)要求解散选举委员会、全民公决委员会的行政诉状——在竞选期间和全民公决准备期间,最迟在竞选、全民公决准备结束之日起的 3 个月内;

(2)要求解散其他委员会的行政诉状——最迟应在投票之日前的 30 天,或者在竞选、全民公决准备结束后的期间,但最迟应在委员会解散根据出现之日起的 3 个月内;

(3)在进行再次投票时要求解散选区委员会的行政诉状——

在确定该选区投票结果的期间,但最迟应在再次投票之日前的7天。

7. 本条第2款至第6款规定的期限迟误的,不论迟误的原因如何,均不得恢复。

8. 迟误向法院提交要求维护俄罗斯联邦公民选举权和参加全民公决权利的行政诉状的期限,不是法院拒绝受理的理由。在预备庭或审判庭应查明迟误上述期限的原因。

9. 由于正当原因而迟误向法院提交要求维护俄罗斯联邦公民选举权和参加全民公决权利的行政诉状的,可以由法院恢复,但本条第2款至第6款规定的期限以及不可能恢复的期限除外。

10. 没有正当原因而迟误向法院提交要求维护俄罗斯联邦公民选举权和参加全民公决权利的行政诉状的,以及不可能恢复被迟误的期限的,是法院驳回诉讼请求的根据。

第241条　要求维护俄罗斯联邦公民选举权和参加全民公决权利的行政案件的审理期限

1. 如果本法典没有不同规定,在竞选期间和全民公决准备期间,法院在投票日收到的要求维护俄罗斯联邦公民选举权和参加全民公决权利的行政诉状,应该在收到之日起的5日内审理和解决,不得迟于投票日的前一日,而在投票日的前一天、投票日以及投票的后一天收到的行政诉状,应立即审理和解决。如果行政诉状中的事实需要进行补充审查,则行政诉状最迟应在提交之日起的10日内审理和解决。

2. 提出选民名单、全民公决参加人名单错误或不准确的行政诉状,应在法院收到之日起的3日内审理和解决。但不得迟于投票的前一天,而在投票当日收到的行政诉状,应立即审理和解决。

3. 在投票之日以后或竞选活动结束后收到的维护俄罗斯联邦公民选举权和参加全民公决权利的行政诉状,以及涉及选举委员会、全民公决委员会关于投票结果决定的行政诉状,应该在法院收到诉状之日起的2个月内审理和解决。

4. 满足要求撤销候选人登记、候选人名单登记的行政诉讼请求的法院判决,第一审法院最迟应该在投票之日前的5日作出。

5. 满足要求撤销全民公决倡议小组、全民公决其他参加人小组的行政诉讼请求的法院判决,法院最迟应在投票日之前的3日作出。

6. 对要求解散选举委员会、全民公决委员会的行政诉讼请求,法院应该在收到之日起的14日内作出判决,而在竞选和全民公决准备期间,最迟应该在收到行政诉状之日起的3日内作出判决。

7. 在竞选期间和全民公决准备期间,对要求维护俄罗斯联邦公民选举权和参加全民公决权利的行政诉状,如果审理期限的最后一日是节假日或非工作日,而该日期之前没有审理或不可能审理,则在非工作日亦应进行审理。

8. 本条第1款规定的期限届满之后,并不终止依照本法典第240条的要求收到并立案的行政案件的审理,也不妨碍法院(第一审法院、上诉审法院、申诉审法院和监督审法院)对上诉行政案件进行实体审理。

第242条　要求维护俄罗斯联邦公民选举权和参加全民公决权利的行政案件法庭审理的终止

1. 如果法院确定存在本法典第39条第5款和第6款、第40条第6款和第7款、第194条第1款第(1)项至第(4)项和第2款规定的根据,法院应终止要求维护俄罗斯联邦公民选举权和参加全民公决权利的行政案件的审理,而有关拒绝候选人登记或撤销候选人登记的行政案件,应该依照本法典第 195 条第 1 款第(5)项规定的根据终止。

2. 有下列情形之一的,也应终止行政诉讼:

(1)候选人实施的下列行为成为向法院提出行政诉讼请求的根据,选举联合会从所提出的名单上去除了该候选人,法院尚未对行政案件作出判决:

A. 候选人在公共活动中、在大众信息媒体上或在他所散发的材料中(包括公众可访问的互联网上)号召进行联邦法律定性为极端主义的活动,或者以其他方式号召实施这种行为,以及为极端主义辩护的;

B. 候选人实施旨在挑起社会、种族、民族和宗教矛盾、侮辱民族尊严,根据对宗教的态度以及社会、种族、民族、宗教或语言特征宣传其特殊性、优越性或者低下的行为。

C. 候选人宣传并公开展示纳粹特征或标志物,或与纳粹特征或标志物雷同的特征或标志物。

(2)如果法院确认原告不符合本法典第 239 条第 16 款的要求。

第 243 条　维护俄罗斯联邦公民选举权和参加全民公决权利的行政案件的审理程序

1. 关于法院受理要求认定选举委员会、全民公决委员会的决定、行为(不作为)非法的行政案件的事宜,法院应通知上级选举委员会。

2. 要求解散选举委员会、全民公决委员会的行政案件,以及对俄罗斯联邦中央选举委员会关于俄罗斯联邦总统、俄罗斯联邦联邦会议国家杜马议员选举结果、俄罗斯联邦全民公决结果提出异议的行政案件,法院应由3名法官组成合议庭审理。

3. 维护俄罗斯联邦公民选举权和参加全民公决权利的行政案件审理的时间和地点,法院应通知案件参加人、检察长。已经以应有方式收到开庭时间和地点通知的人员不到庭,如果法院并不认为他们必须到庭,以及检察长收到关于开庭时间和地点的通知而不到庭的,不妨碍行政案件的审理。

4. 选民、全民公决参加人对选举委员会、全民公决委员会关于投票结果的决定提出异议的行政案件,法院在进行审理时,地区选举委员会的代表必须到庭,而在进行自治地方选举、全民公决时,相应自治地方选举和全民公决组织委员会的代表必须到庭。

5. 在竞选期间和全民公决准备期间审理和解决维护俄罗斯联邦公民选举权和参加全民公决权利的行政案件时,法院在公布选举结果、全民公决结果之日以前不得采取以下行政诉讼强制措施:

(1) 扣押、收缴或查封选民证、全民公决证、选民名单、全民公决参加人名单、其他选举文件、全民公决文件;

(2) 中止选举委员会、全民公决委员会的活动;

(3) 禁止选举委员会、全民公决委员会进行法律规定的准备和进行选举、全民公决的活动。

6. 审理维护俄罗斯联邦公民选举权和参加全民公决权利的行政案件,不得适用行政案件的简易(书面)审理规则。

7. 俄罗斯联邦中央选举委员会的代表可以到庭参加维护俄罗斯联邦公民选举权和参加全民公决权利的行政案件的审理,到庭对该案提出结论,但俄罗斯联邦中央委员会是行政案件的被告或者利害关系人的情形除外。

第244条　维护俄罗斯联邦公民选举权和参加全民公决权利的行政案件的法院判决

1. 法院如果确认，国家权力机关、地方自治机关、社会团体、选举委员会、全民公决委员会、公职人员在作出被提出异议的决定、实施被提出异议的行为（不作为）时存在违反选举立法和全民公决立法的事实，应完全或部分满足维护俄罗斯联邦公民选举权和参加全民公决权利的行政诉讼请求，认定上述决定、行为（不作为）非法，规定恢复受到侵害的权利、自由和实现合法利益及（或）排除违法行为后果的方式和期限，以及指出必须在法院判决生效之日起的1个月内将法院判决的执行情况通知法院和提出行政诉讼请求的人。

2. 如果向法院提出诉讼请求的期限迟误并且没有可能恢复该期限，或者法院确定被提出异议的决定、行为（不作为）是合法的，则法院驳回要求维护俄罗斯联邦公民选举权和参加全民公决权利的行政诉讼请求。

3. 要求维护俄罗斯联邦公民选举权和参加全民公决权利的行政案件中，法院在竞选期间和全民公决准备期间于投票日以前作出的说明理由的判决，应该根据审理该类行政案件的期限在尽可能短的时间内制作。

4. 要求维护俄罗斯联邦公民选举权和参加全民公决权利的行政案件中，法院判决的副本应交付案件参加人，包括就案件提出结论的人员以及他们的代表、选举委员会的代表、组织全民公决的委员会的代表，由他们出具收条，或者在作出判决之日起的3日内以最终形式送交他们，而在竞选期间、全民公决准备期间（投票以前），应在制作完毕后使用能够保证最快送达的方式送交给他们。

5. 满足行政诉讼请求的法院判决已经生效的,或法院判决应该立即执行的,判决的副本应立即送交相应国家权力机关、地方自治机关、社会团体的领导人、选举委员会、全民公决委员会的代表和公职人员。法院还应该将已经生效的法院判决的副本送交上级机关、上级委员会的代表和上级公职人员。

6. 关于将公民列入选民名单的判决应立即执行,其他判决,如果法院根据本法典第 188 条的规则要求立即执行的,也应立即执行。第一审法院关于撤销候选人登记、候选人名单登记以及关于撤销全民公决倡议小组和全民公决其他小组登记的判决,不得立即执行。

第二十五章 对登记价值确定结果提出异议的行政诉讼

第 245 条 向法院提出对登记价值确定结果提出异议的行政诉讼请求

1. 如果登记价值的确定结果侵害了公民或法人的权利和义务,则法人和公民有权向法院提出行政诉讼请求,对登记价值确定结果提出异议。

2. 国家权力机关、地方自治机关有权向法院提出行政诉讼请求,对相应俄罗斯联邦主体国家所有或自治地方组织境内的国有或自治地方所有不动产客体登记价值确定结果提出异议。

3. 如果截至向法院提交诉状之时国家定期登记价值评价结果尚未列入不动产国家登记簿,或者引起不动产客体登记价值变更的不动产质量评估结果信息尚未列入不动产国家登记簿,则对登记价值确定结果提出异议的行政诉状,可以在被提出异议的不动产价值列入国家登记簿之日起的 5 日内向法院提交。

4. 对登记价值确定结果提出异议的行政诉状依照本法典第 20 条规定的管辖规则向法院提交,条件是遵守联邦法律规定的向登记价值确定结果争议审议委员会提出过请求,但公民提出行政诉讼请求的不受此限。

5. 对登记价值确定结果争议审议委员会的决定提出异议的行

政诉讼请求,依照本法典第二十二章的规则审理。

第246条 对登记价值确定结果提出异议的行政诉状的内容和所附文件

1. 对登记价值确定结果提出异议的行政诉状,应该符合本法典第125条的要求。

2. 除本法典第126条所列文件外,行政诉状还应附具以下文件:

(1) 不动产客体登记价值的登记证书,其中应包含被提出争议的登记价值确定结果;

(2) 不动产客体所有权人提交要求重新评估登记价值的诉讼请求时,应附具经过公证的确权文件复印件;

(3) 如果以信息材料不真实为由要求重新评估登记价值,则应附具证明在确定不动产客体登记价值时所使用的关于不动产客体的信息材料不真实的材料;

(4) 如果要求重新评估不动产客体登记价值的行政诉状涉及不动产客体的市场价值,则应附具纸质载体上的或电子文件形式的评估报告;

(5) 评估师自治组织的一个或多个鉴定评估师制作的纸质载体或电子文件形式的肯定性鉴定报告,报告应说明:关于不动产客体市场价值的评估报告符合关于评估活动的俄罗斯联邦立法要求,符合对评估活动进行规范性法律调整的被授权机关规定的情况下,还要符合该被授权的联邦机关的标准和其他文件的要求,符合评估师自治组织的标准和评估活动规则的要求;

(6) 证明遵守了联邦法律规定的调整争议的审前程序的文件和材料,但行政诉状由公民提交的情形除外。

3．行政诉状还可以附具证明原告诉讼请求的其他文件和材料。

4．如果不遵守本条第1款和第2款的规定,法院应作出裁定,依照本法典第130条搁置行政诉状不予启动,对此应通知原告并规定一个排除缺陷的合理期限。

5．如果在规定期限内,成为搁置行政诉状理由的情况没有排除,法官应根据本法典第129条作出裁定,将行政诉状连同所附具的文件一并退还原告。

第247条 对登记价值确定结果提出异议的行政案件的审理

1．对登记价值确定结果提出异议的行政诉状,法院依照本法典第141条规定的程序和期限受理和审理。

2．应将开庭的时间和地点通知案件参加人。还应该传唤确定登记价值结果的国家机关或地方自治机关以及行使国家登记评估职能的国家机关出庭参加对登记价值确定结果提出异议的行政案件的审理。

3．如果判决可能涉及其他人的利益,法院有权解决传唤该其他人参加行政案件审理的问题。

4．案件参加人已经收到开庭时间和地点通知而不到庭的,不妨碍对登记价值确定结果提出异议的行政案件的审理和解决,但法院认为他们必须到庭的情形除外。

5．行政案件的双方当事人必须证明他们自己的请求和答辩的情况,但依照本法典第64条免除证明责任的情形除外。本法典第248条所列根据的证明责任在原告。

6．如果当事人由于客观原因不可能提交证据,法院有权主动地或根据当事人的申请作出裁定,依照本法典第63条调取证据。

第248条 对登记价值确定结果进行重新审查的根据

1. 对登记价值确定结果进行重新审查的根据是：

（1）在确定不动产客体登记价值时所使用的关于不动产客体的材料不真实；

（2）确定不动产客体截至确定不动产客体登记价值之日的市场价值；

2. 如果法庭确定,行政诉讼的标的实体上不符合本条第1款,法院应建议原告修订所提出的诉讼请求。否则法院应依照本法典第196条第2款搁置行政诉状不予审理。

第249条 对登记价值确定结果提出异议的行政案件的法院判决

1. 法院判决依照本法典第十五章作出。

2. 法院判决的内容应该符合本法典第180条和本条第3款所规定的要求。

3. 在法院判决的结论部分应该指出重新确定的登记价值的大小。

4. 法院判决的副本应交付案件参加人及其代理人,由他们出具收条,也可以在判决制作后发送给他们。

5. 对登记价值确定结果提出异议的行政案件中,对共和国最高法院、边疆区法院、州法院、联邦直辖市法院、自治州法院、自治专区法院、军区(舰队)军事法院判决的上诉、抗诉,分别由共和国最高法院、边疆区法院、州法院、联邦直辖市法院、自治州法院、自治专区法院、军区(舰队)军事法院的上诉审法院审理。

6. 对登记价值确定结果提出异议的行政案件中,对法院的裁定可以与法院判决分开,由案件参加人单独向上诉审法院提出申诉,检察长还可以提出抗诉。

7. 本条第6款所列申诉和抗诉,由共和国最高法院、边疆区法院、州法院、联邦直辖市法院、自治州法院、自治专区法院、军区(舰队)军事法院的上诉审法院审理。

第二十六章 因在合理期限内进行法院诉讼和合理期限内执行法院裁判的权利受到侵害而要求赔偿的行政诉讼

第250条 向法院提出因在合理期限内进行法院诉讼和在合理期限内执行法院裁判的权利受到侵害而要求进行赔偿的行政诉讼请求

1. 如果当事人认为,国家机关、地方自治机关、其他机关、组织、公职人员侵害了他在合理期限内进行法院诉讼(包括在合理期限内进行刑事案件的审前程序和扣押财产的诉讼保全措施)的权利,或者侵害了他在合理期限内执行法院裁判的权利,则有权向法院提出行政诉讼请求,因在其合理期限内进行法院诉讼的权利或在合理期限内执行法院裁判的权利受到侵害而要求进行赔偿(下称要求赔偿的行政诉讼请求)。

(本款由2015年6月29日第190号联邦法律修订)

2. 因在合理期限内进行法院诉讼和在合理期限内执行法院裁判的权利受到侵害而要求进行赔偿的行政诉状,应该在对该行政案件的最后法院裁判生效之日起的6个月内提交。

3. 如果案件审理的时间超过3年,而本条第1款所列人员此前曾经按规定程序提出过加快案件审理的申请,则因在合理期限内进行法院诉讼和在合理期限内执行法院裁判的权利受到侵害而要求进行赔偿的行政诉状可以在行政案件结案之前提出。

4. 要求对在合理期限内进行法院诉讼和在合理期限内执行法院裁判的权利受到侵害进行赔偿的行政诉状可以在法院裁判的执行期间提交,但不得迟于联邦法律规定的法院裁判执行期限后的 6 个月,也不得迟于法院裁判执行程序终止之日起的 6 个月。

5. 因在合理期限内进行法院诉讼和在合理期限内执行法院裁判的权利受到侵害而要求进行赔偿的行政诉状,可以在刑事判决生效之日起的 6 个月内提交,或在调查人员、侦查员、检察长、侦查机关领导人、法院作出的终止刑事案件的决定、裁定生效之日起的 6 个月内提交。如果应该作为刑事被告人参加案件的人员已经确定,而刑事案件的诉讼时间超过 4 年,利害关系人此前依照俄罗斯联邦刑事诉讼立法提出过加快刑事诉讼的申请,则要求赔偿的行政诉状可以在刑事案件结案之前提交。

6. 如果刑事案件的审前调查自犯罪举报之日至由于上述理由作出中止刑事案件审前调查决定之日止的时间已经超过 4 年,并且有材料证明调查人员、侦查员、调查部门领导人、调查机关、侦查员、侦查机关领导人未采取俄罗斯联邦刑事诉讼立法所规定的刑事案件及时立案、进行审前调查和确定犯罪嫌疑人、刑事被告人所必需的措施,因在合理期限内进行刑事诉讼的权利受到侵害而要求进行赔偿的行政诉状,也可以由被害人、受到刑事法律所禁止行为损害的其他利害关系人在调查人员、侦查员、调查部门领导人、调查机关、侦查员、侦查机关领导人因不能确定刑事被告人而作出中止刑事案件调查决定之日起的 6 个月内提交。

7. 刑事案件中,对不是犯罪嫌疑人、刑事被告人或不是依法对其行为负有财产责任的人员长期适用扣押财产的诉讼强制措施的,如果刑事案件中扣押财产的时间超过4年,则因在合理期限内进行刑事诉讼的权利受到侵害而要求进行赔偿的行政诉状可以在刑事判决生效之日起的6个月内或者在中止刑事案件的法院裁决或裁定生效之日起的6个月内提交,或者在调查人员、调查部门首长、调查机关、侦查员、侦查机关领导人作出终止刑事诉讼的决定之日起的6个月内提交,以及在终止刑事追究之前或法院判决生效之前提交。

(本款由2015年6月29日第190号联邦法律增补)

第251条 因在合理期限内进行法院诉讼和在合理期限内执行法院裁判的权利受到侵害而要求进行赔偿的行政诉状的提交程序

1. 对因在合理期限内进行法院诉讼和在合理期限内执行法院裁判的权利受到侵害而要求进行赔偿的行政诉状,应通过作出第一审判决(裁定、裁决)的法院、作出刑事判决的法院或通过案件的第一审法院向有权审理该诉状的法院提交。

2. 在联邦法律规定的情况下,对在合理期限内进行刑事诉讼的权利受到侵害进行赔偿的行政诉讼请求可以在刑事追究终止前或在法院的有罪判决生效前或者在刑事案件诉讼终结前提出。

3. 因在合理期限内进行刑事诉讼的权利受到侵害而要求进行赔偿的行政诉讼请求,依照本法典第250条第5款至第7款的规定向前调查进行地的共和国最高法院、边疆区法院、州法院、联邦直辖市法院、自治州法院、自治专区法院、军区(舰队)军事法院提出。

(本款由2015年6月29日第190号联邦法律修订)

4. 作出判决的法院,必须在收到对因在合理期限内进行法院诉讼和在合理期限内执行法院裁判的权利受到侵害而要求进行赔偿的行政诉状之日起的3日内将诉状连同案卷移送相应的法院。

第252条　因在合理期限内进行法院诉讼和在合理期限内执行法院裁判的权利受到侵害而要求进行赔偿的行政诉状应该符合哪些要求

1. 对因在合理期限内进行法院诉讼和在合理期限内执行法院裁判的权利受到侵害而要求进行赔偿的行政诉状的格式应该符合本法典第125条第1款规定的要求。

2. 要求赔偿的行政诉状应该指出：

（1）接受要求赔偿的行政诉状的法院的名称；

（2）提交要求赔偿人的名称及其所在地或住所地、被告和案件其他参加人的名称及其所在地或住所地；

（3）对案件所作法院裁判的材料、审理案件的法院名称、争议的标的或刑事案件立案的根据、负责执行法院裁决的机关、组织或公职人员的文件或行为；

（4）从第一审法院收到申请、诉讼请求、行政诉状直至对民事案件、行政案件作出最后法院裁判的法院诉讼总时间，或者从进行刑事诉讼开始到终止刑事追究或作出有罪判决之时的总时间，刑事诉讼中适用财产扣押这一诉讼强制措施的总时间和执行法院裁判的总时间；

（本项由2015年6月29日第190号联邦法律修订）

（5）因不能确定应该受到刑事追究的人而终止审前调查的刑事案件中，从收到犯罪举报之时起直至作出中止刑事案件审前调查的时间止的审前调查总时间；

（6）提交要求赔偿的行政诉状的人所知悉的、造成案件诉讼活动和法院裁判执行活动长期进行的情况；

（7）提交要求赔偿的行政诉状的人提出的理由，并指出要求赔偿的根据和赔偿的数额；

（8）提交要求赔偿的行政诉状的人所知悉的并证明检察长、侦查机关领导人、侦查员、调查机关、调查部门首长、调查人员违反俄罗斯联邦刑事诉讼立法规定的犯罪举报审理程序的不作为，包括不止一次地或不及时地撤销拒绝刑事案件立案的决定，或者由于不确定应该作为刑事被告人受到刑事追究的人而中止刑事案件审前调查，或者终止刑事案件或刑事追究，或者进行刑事案件审前调查的机关为确定犯罪嫌疑人、刑事被告人而采取的措施不足、不及时或无效而终止刑事案件或刑事追究；

（9）侵害在合理期限进行诉讼的权利或在合理期限执行法院裁判的权利对提交行政诉状的人所造成的后果；

（10）提交行政诉状的人要求将赔偿款项转入的银行账户信息；

（11）行政诉状所附具的文件清单。

3．要求赔偿的行政诉状应该附具本法典第126条第1款第（2）项和第（4）项规定的文件。

第253条　要求赔偿的行政诉状的受理

1．要求赔偿的行政诉状的受理问题，在法院收到诉状之日起的3日内由法官独任解决。

2．如果不存在搁置或退回要求赔偿的行政诉状的理由，则应该受理。

3．迟误向法院提出请求的期限不是拒绝受理行政诉状、搁置诉状不予启动或退回诉状的理由。

4．受理要求赔偿的行政诉状应该包括本法典第127条第2款所规定的信息材料,以及指出审理该诉状的审判庭开庭的时间和地点。

5．受理要求赔偿的行政诉状的裁定书的副本最迟应在作出裁定后的第一个工作日送交原告、负责执行法院裁判的机关、组织或公职人员以及利害关系人。

第254条 退回要求赔偿的行政诉状

1．如果法官在解决受理要求赔偿的行政诉状时确定以下情形之一的,应该退回行政诉状：

（1）存在本法典第129条第1款第（2）项至第（7）项的根据；

（2）行政诉状的提交违反了本法典第250条和第251条规定的程序和期限；

（3）案件的诉讼期限、适用扣押财产的诉讼强制措施的期限或者执行法院裁判的期限,显然证明不存在对在合理期限内进行法院诉讼和在合理期限内执行法院裁判的权利的侵害。

（本项由2015年6月29日第190号联邦法律修订）

（4）提交要求赔偿的行政诉状的人没有提交诉状的权利。

2．关于退回要求赔偿的行政诉状的事项,法官应该作出裁定。

3．法官关于退回要求赔偿的行政诉状的裁定书的副本应该在作出裁定后的第一个工作日连同行政诉状以及行政诉状所附具的文件一并送交提交诉状的人。

4．要求赔偿的行政诉状被退回不妨碍在排除退回根据后再次按照一般程序向法院提出行政诉讼请求。

5．对退回要求赔偿的行政诉状的裁定,可以在本法典第314条规定的期限内按照本法典第315条规定的程序向上诉审法院提出申诉。

6.在裁定被撤销时,要求赔偿的行政诉状被视为在法院原来收到之日提交给法院。

第 255 条 搁置要求赔偿的行政诉状不予启动

1.如果要求赔偿的行政诉状违反了本法典第252条对要求赔偿的行政诉状的格式与内容以及所附具文件的要求,则法院作出搁置行政诉状不予启动的裁定。

2.在搁置要求赔偿的行政诉状不予启动的裁定中,应指出本法典第130条第1款所列情况。

3.关于搁置要求赔偿的行政诉状不予启动的裁定,最迟应在作出裁定后的第一个工作日送达提交该诉状的人。

4.如果搁置要求赔偿的行政诉状不予启动的根据在法官裁定规定的期限内排除,则要求赔偿的行政诉状被视为在最初提交法院之日提交。在其他情况下,要求赔偿的行政诉状被视为未提交并依照本法典第129条规定的程序连同所附具的文件一并退回。

5.对搁置行政诉状不予启动的裁定,可以在本法典第314条第1款规定的期限内并依照本法典第315条规定的程序向上诉审法院提出申诉。

6.如果裁定被撤销,则要求赔偿的行政诉状被认为是在法院最初收到之日提交法院的。

第 256 条 要求赔偿的行政案件的审理期限

法院应在收到要求赔偿的行政诉讼请求之日起的2个月内审理该案件,该期限包括准备行政案件的法庭审理和作出法院裁判的时间。

第257条 准备审理因在合理期限内进行法院诉讼和在合理期限内执行法院裁判的权利受到侵害而要求进行赔偿的行政案件

1. 在准备审理因在合理期限内进行法院诉讼和在合理期限内执行法院裁判的权利受到侵害而要求进行赔偿的行政案件(下称要求赔偿的行政案件)时,法院应确定案件参加人的范围,包括负责执行法院裁判的机关、组织或公职人员,并规定上述人对要求赔偿的行政案件提出解释、进行答辩和(或)说明理由。要求赔偿的行政案件的参加人必须在法院规定的期限内对要求赔偿的行政诉讼请求提交解释、进行答辩和(或)说明理由。不提交或不及时提交解释、答辩或理由的,可以按本法典第122条和第123条规定的程序和数额处以诉讼罚金。

2. 在预备庭,法院可以查明原告迟误本法典规定的向法院提出行政诉讼请求期限的原因。在确定没有正当理由迟误上述期限的事实时,法院应作出驳回要求赔偿的行政诉讼请求的判决,而不必审查该行政案件的其他事实情况。对法院判决,可以按照本法典规定的程序提出上诉。

第258条 要求赔偿的行政案件的审理

1. 法院按照一般规则并遵守本章规定的特点,开庭审理因在合理期限内进行法院诉讼和在合理期限内执行法院裁判的权利受到侵害而要求进行赔偿的行政案件。

2. 应将开庭审理该案的时间和地点通知原告和负责执行法院裁判的机关、组织或公职人员以及案件的其他参加人。

3. 在审理要求赔偿的行政诉讼请求时,法院应根据行政诉状所叙述的理由、对该案所作法院裁判的内容以及案件材料,考虑下列情况,确定原告在合理期限内进行诉讼和在合理期限内执行法院裁判的权利确实受到侵害的事实：

（1）案件在法律上和事实方面的复杂性；

（2）原告和诉讼的其他参加人的行为；

（3）法院或法官为及时进行案件审理所实施的行为是否充分和有效；

（4）负责执行法院裁判的机关、组织或公职人员为及时执行法院裁判所实施的行为是否充分和有效；

（5）案件法庭审理和不执行法院裁判的总时间。

4. 在审理因在合理期限内进行刑事案件诉讼的权利受到侵害而要求进行赔偿的行政诉讼请求时，法院应该根据行政诉状所叙述的理由、刑事案件中所作法院裁判的内容、案件材料并考虑以下情况确定是否存在侵害原告在合理期限进行刑事案件诉讼的权利的事实：

（1）案件在法律上的事实方面的复杂性；

（2）原告和刑事诉讼其他参加人的行为；

（3）法院、检察长、侦查机关领导人、侦查员、调查部门首长、调查机关、调查人员为及时进行刑事诉讼和及时审理刑事案件所实施的行为是否充分和有效；

（4）刑事诉讼或在刑事诉讼过程中适用扣押财产的诉讼强制措施的总时间。

（本项由 2015 年 6 月 29 日第 190 号联邦法律修订）

第 259 条　要求赔偿的行政案件的法院判决

1. 要求赔偿的行政案件中，法院根据审理结果作出判决。判决应该符合本法典第十五章规定的要求和本法典第 180 条规定的要求，判决应该包括：

（1）理由部分：

A. 对案件所作的法院裁判、争议标的、审理案件的法院的名称，刑事诉讼过程中适用扣押财产这一诉讼强制措施的总时间或执行法院裁判的总时间；

（本项由2015年6月29日第190号联邦法律修订）

B. 论证赔偿数额的理由和依照联邦法律负责执行关于赔偿的法院判决的机关、组织或公职人员的名称；

C. 进行赔偿的理由，或驳回赔偿请求的理由；

（2）结论部分：

A. 如果驳回赔偿请求，应指出这一点；

B. 判决赔偿时，应指出判决赔偿和赔偿的数额、依照联邦法律负责执行关于赔偿的法院判决的机关、组织或公职人员的名称，赔偿钱款应汇入的原告的账户信息；

C. 规定诉讼费用的分摊。

2. 法院判决的副本应在作出最终形式判决之日起的3日内送交原告、依照联邦法律负责执行关于赔偿的法院判决的机关、组织或公职人员以及送交利害关系人。

3. 要求赔偿的行政案件的法院判决应该按照俄罗斯联邦预算立法规定的程序立即执行。

第260条　要求赔偿的行政案件中法院判决的上诉

1. 对俄罗斯联邦最高法院在要求赔偿的行政案件中所作的判决，可以通过上诉程序和监督程序提出上诉和申诉。

2. 对普通法院关于要求赔偿的行政案件所作的判决，可以通过上诉监督程序、申诉程序和监督程序提出上诉和申诉。

3. 上诉状、抗诉书分别由以下法院审理：

(1) 共和国最高法院、边疆区法院、州法院、联邦直辖市法院、自治州法院、自治专区法院、军区(舰队)军事法院的上诉审,分别审理对共和国最高法院、边疆区法院、州法院、联邦直辖市法院、自治州法院、自治专区法院、军区(舰队)军事法院的判决提出的上诉;

(2) 俄罗斯联邦最高法院上诉审审理对俄罗斯联邦最高法院判决提出的上诉。

第261条 对第一审法院裁定的申诉

1. 对于就要求赔偿的行政案件所作的法院裁定,可以与法院判决分开,由案件参加人另行向上诉审法院提出申诉,而检察长可以提出抗诉。

2. 对本条第1款所列对裁定的申诉和抗诉,由共和国最高法院、边疆区法院、州法院、联邦直辖市法院、自治州法院、自治专区法院、军区(舰队)军事法院的上诉审审理,但对俄罗斯联邦最高法院的裁定除外,俄罗斯联邦最高法院的裁定应由俄罗斯联邦最高法院上诉审审理。

第二十七章 中止政党、其地区分部或其他部门的活动或予以取缔，中止不具有法人资格的其他社会团体、宗教组织和其他非商业组织、其地区分部或其他部门的活动或予以取缔以及禁止大众信息媒体活动的行政诉讼

第262条 要求中止政党、其地区分部或其他部门的活动或予以取缔，中止不具有法人资格的其他社会团体、宗教组织和其他非商业组织、其地区分部或其他部门的活动或予以取缔以及禁止大众信息媒体活动的行政案件的行政诉讼请求的提出

1. 要求中止政党、其地区分部或其他部门的活动或予以取缔，中止不具有法人资格的其他社会团体、宗教组织和其他非商业组织、其地区分部或其他部门的活动或予以取缔以及禁止大众信息媒体活动的行政案件的行政诉讼请求（下称要求中止活动的行政诉讼请求），可以由联邦法律规定负责对上述组织、团体或媒体的活动进行监督的机关或公职人员提出。

2. 要求中止活动的行政诉状，依照法典第二章规定的管辖规则向法院提交。

3. 要求中止活动的行政诉状应该指出以下内容：

（1）本法典第125条第2款至第3款、第5款、第8款所规定的信息材料；

（2）联邦法律规定的中止政党、其地区分部或其他部门的活动或予以取缔，中止不具有法人资格的其他社会团体、宗教组织和其他非商业组织、其地区分部或其他部门的活动或予以取缔以及禁止大众信息媒体活动的根据，并向法院提出诉讼请求的机关或组织据以认为存在上述根据的事实情况；

（3）设有中央宗教组织的地方宗教组织的活动区域，或者大众信息媒体传播的主要区域。

4. 以有关机关的名义向法院提交的要求中止活动的行政诉状，应该由其领导人签字，而以公职人员名义提交的行政诉状，应该由公职人员签字。

5. 要求中止活动的行政诉状应附具本法典第125条规定的证明该诉状所列情况的文件。

第263条 要求中止政党、其地区分部或其他部门的活动或予以取缔，中止不具有法人资格的其他社会团体、宗教组织和其他非商业组织、其地区分部或其他部门的活动或予以取缔以及禁止大众信息媒体活动的行政案件的审理

1. 要求中止政党、其地区分部或其他部门的活动或予以取缔，中止不具有法人资格的其他社会团体、宗教组织和其他非商业组织、其地区分部或其他部门的活动或予以取缔以及禁止大众信息媒体活动的行政案件，应该在法院受理要求中止活动的行政诉状之日起的1个月期限内审理。

2. 在要求中止政党、其地区分部或其他部门的活动或予以取缔，中止不具有法人资格的其他社会团体、宗教组织和其他非商业

组织、其地区分部或其他部门的活动或予以取缔以及禁止大众信息媒体活动的行政案件中，法院根据有关申请并依照本法典第七章规定的程序，或以作出适用以下要求中止活动的行政诉讼的保全措施：

（1）中止相关组织、团体、大众信息媒体的活动；

（2）中止有关出版物的出版和销售或中止材料的传播；

（3）扣押相关组织、团体的财产；

（4）禁止实施与有关组织、团体、大众信息媒体活动有关的行为。

3．应将审理要求中止活动的行政案件的时间和地点通知向法院提起诉讼的机关或公职人员、政党和其他社会团体的领导机关、被要求中止活动或取缔的非商业组织的领导人、被要求中止活动或取缔的不具有法人资格的社会团体和宗教组织的代表、大众信息媒体的发起人和总编辑，以及利害关系人，如果上述领导机关、领导人、代表、发起人或总编辑所在地不明，则行政案件审理时间和地点的通知应于开庭前10天在对非商业组织或大众信息媒体进行登记的联邦行政机关的官方网站上公布，以及在俄罗斯联邦政府指定的正式期刊上公布。

4．案件参加人收到关于行政案件审理时间和地点的通知而不到庭，不妨碍案件的审理。

5．如果存在本法典第十一章规定的根据和依照该章规定的程序，法院可以在不公开的审判庭审理行政案件。

第264条　要求中止政党、其地区分部或其他部门的活动或予以取缔，中止不具有法人资格的其他社会团体、宗教组织和其他非商业组织的活动或予以取缔以及禁止大众信息媒体活动的行政案

件的法院判决

1. 在要求中止政党、其地区分部或其他部门的活动或予以取缔，中止不具有法人资格的其他社会团体、宗教组织和其他非商业组织的活动或予以取缔以及禁止大众信息媒体活动的行政案件中，法院判决依照本法典第十五章的规则作出。

2. 在对要求取缔社会团体、宗教团体和其他非商业组织的行政案件作出判决的同时，法院根据调整打击极端主义活动领域关系的联邦法律规定的根据，作出将被取缔社会团体、宗教组织和其他非商业组织在满足其债权人请求后剩余财产收归俄罗斯联邦所有的判决。判决的副本应交付案件参加人，或者在判决制作之日起的3日内送交他们。

3. 如果依照调整打击极端主义活动领域关系的联邦法律规定的根据，法院判决满足要求取缔社会团体、宗教组织和其他非商业组织、禁止不具有法人资格的社会团体，或宗教组织的活动或者终止大众信息媒体的活动的行政诉讼请求，则法院判决中关于终止社会团体、宗教组织和其他非商业组织活动的部分或者终止大众信息媒体寻找、获得、生产和传播大众信息部分的判决应该立即生效。

第265条　要求中止政党、其地区分部或其他部门的活动或予以取缔，中止其他社会团体、宗教组织和其他非商业组织的活动或者予以取缔，禁止不具有法人资格的社会团体、宗教组织的活动以及终止大众信息媒体活动的行政案件中，对法院判决的上诉

1. 关于要求中止政党、其地区分部或其他部门的活动或予以取缔，中止其他社会团体、宗教组织和其他非商业组织的活动或者予以取缔，禁止不具有法人资格的社会团体、宗教组织的活动以及终止大众信息媒体活动的行政案件中,对法院判决可以依照本法典规定的程序提出上诉。

2. 在要求中止政党、其地区分部或其他部门的活动或予以取缔,中止其他社会团体、宗教组织和其他非商业组织的活动或者予以取缔,禁止不具有法人资格的社会团体、宗教组织的活动以及终止大众信息媒体活动的行政案件,法院所作的判决,本身并不妨碍被授权代表相关团体、组织或就相关大众信息媒体活动问题发言的人通过本法典规定的上诉程序、申诉程序和监督程序对该判决提出告诉。

第二十八章　要求将应该驱逐出境或准予再入籍的外国公民安置到专门机构或延长应该驱逐出境或准予再入籍的外国公民在专门机构居留期的行政诉讼

第266条　要求将应该驱逐出境或准予再入籍的外国公民安置到专门机构或延长应该驱逐出境或准予再入籍的外国公民在专门机构居留期的行政诉状的提交

1. 要求将应该驱逐出境或准予再入籍的外国公民安置到专门机构或延长应该驱逐出境或准予再入籍的外国公民在专门机构居留期的行政诉状,应该由在移民领域行使执法职能、监督(监管)职能的提供国家帮助的联邦行政机关的区域机关(下称联邦移民行政机关的区域机关)的代表提交。

2. 要求将应该驱逐出境或准予再入籍的外国公民安置到专门机构或延长应该驱逐出境或准予再入籍的外国公民在专门机构居留期的行政诉状,应该提交给安置应驱逐出境或准予再入籍的外国公民的专门机关所在地的法院。

3. 要求将应该驱逐出境或准予再入籍的外国公民安置到专门机构或延长应该驱逐出境或准予再入籍的外国公民在专门机构居留期的行政诉状应该指出:

（1）本法典第125条第2款第(1)项至第(3)项、第(5)项和第(8)项规定的信息材料；

（2）关于驱逐出境或准予再入籍的决定的信息材料，包括联邦法律规定的将应该驱逐出境或准予再入籍的外国公民安置到专门机构的根据以及延长应该驱逐出境或准予再入籍的外国公民在专门机构的居留期的根据；

（3）将应该驱逐出境或准予再入籍的外国公民安置到专门机构的适当期限以及延长上述外国公民在专门机构居留期的适当期限。

4. 要求将应该驱逐出境或准予再入籍的外国公民安置到专门机构或延长应该驱逐出境或准予再入籍的外国公民在专门机构居留期的行政诉状应该由联邦移民行政机关的区域机关的领导人签字。

5. 要求将应该驱逐出境或准予再入籍的外国公民安置到专门机构或延长应该驱逐出境或准予再入籍的外国公民在专门机构居留期的行政诉状应该附具证明诉状所列情况的文件，以及本法典第128条第1款第(1)项所列的文件。如果没有证明应该驱逐出境或准予再入籍的外国公民身份的信息材料，则行政诉状应该附具联邦移民行政机关的区域机关依照联邦法律制作的证明外国人身份的结论性文件。

第267条　要求将应该驱逐出境或准予再入籍的外国公民安置到专门机构或延长应该驱逐出境或准予再入籍的外国公民在专门机构居留期的行政诉状的提交和法院受理的程序

1. 要求将应该驱逐出境或准予再入籍的外国公民安置到专门机构的行政诉状，应该在将应该驱逐出境或准予再入籍的外国公民安置到专门机构之时起的8小时内，根据在移民领域行使执法职能、监督（监管）职能的提供国家帮助的联邦行政机关领导人或其副职或者根据相应联邦移民机关的区域机关领导人或其副职依照联邦法律作出的决定提交法院。

2. 要求延长应该驱逐出境或准予再入籍的外国公民在专门机构居留期的行政诉状,最迟应该在法院判决规定的应该驱逐出境或准予再入籍的外国公民在专门机构的居留期届满8小时以前提交法院。

3. 如果诉讼请求属于该法院管辖,则在收到要求将应该驱逐出境或准予再入籍的外国公民安置到专门机构或延长应该驱逐出境或准予再入籍的外国公民在专门机构居留期的行政诉状后,法官应立即作出裁定,受理要求将应该驱逐出境或准予再入籍的外国公民安置到专门机构和延长应该驱逐出境或准予再入籍的外国公民在专门机构居留,延期的期限是审理该诉讼请求所必需的时间。如果该法院对诉讼请求没有管辖权,则根据本法典第129条第1款第(2)项退回行政诉状。

4. 在受理要求将应该驱逐出境或准予再入籍的外国公民安置到专门机构或延长应该驱逐出境或准予再入籍的外国公民在专门机构居留期的行政诉讼请求后,法院有权依照本法典第63条规定的程序,向案件参加人调取保证正确和及时解决行政案件所必需的材料,法院还可以责成联邦移民机关的区域机关保证上述人出庭。

第268条 要求将应该驱逐出境或准予再入籍的外国公民安置到专门机构或延长应该驱逐出境或准予再入籍的外国公民在专门机构居留期的行政案件的审理

1. 要求将应该驱逐出境或准予再入籍的外国公民安置到专门机构或延长应该驱逐出境或准予再入籍的外国公民在专门机构居留期的行政案件,应该在立案之日起的5日内审理。

2．审判庭审安排在法院进行。

3．要求将应该驱逐出境或准予再入籍的外国公民安置到专门机构或延长应该驱逐出境或准予再入籍的外国公民在专门机构居留期的行政案件的审理,参加法庭审理的人应该有向法院提交行政诉状的联邦移民机关区域机关的代表、应该被驱逐出境或准予再入籍而安置到专门机构的或延长其在专门机构居留期的外国公民、检察长。上述人已经收到开庭时间和地点通知而不出庭,不妨碍行政案件的审理和解决。

第 269 条　要求将应该驱逐出境或准予再入籍的外国公民安置到专门机构或延长应该驱逐出境或准予再入籍的外国公民在专门机构居留期的行政案件的法院判决

1．法院在审理要求将应该驱逐出境或准予再入籍的外国公民安置到专门机构或延长应该驱逐出境或准予再入籍的外国公民在专门机构居留期的行政案件后,作出判决,满足或者驳回行政诉讼请求。

2．判决的内容应该符合本法典第 180 条的要求。此外,如果满足诉讼请求,则在说明理由部分要规定将应该驱逐出境或准予再入籍的外国公民安置在专门机构的合理期限并说明理由,而在结论部分应规定将应该驱逐出境或准予再入籍的外国公民安置在专门机构的具体期限。

3．在要求将应该驱逐出境或准予再入籍的外国公民安置到专门机构或延长应该驱逐出境或准予再入籍的外国公民在专门机构居留期的行政案件中,判决应该在作出之日制作完成。

4．判决的副本应该交付案件参加人及其代理人并由他们出具收条,或者在制作后采取保障最快送达的方式送交给他们。

第二十九章　对剥夺自由场所释放人员进行行政监管的行政诉讼

第270条　与行政监管有关的行政诉状的提交

1. 向法院提交设立行政监管的行政诉状的是：

（1）改造机构，对即将从剥夺自由场所释放的人员；

（2）内务机关，对已经从剥夺自由场所释放的人员，以及作为附加刑判处限制自由刑的服刑人员，或者将未服完部分的剥夺自由刑期改判限制自由刑的服刑人员。

2. 要求延长行政监管的行政诉状以及增加行政限制的行政诉状，应由内务机关向法院提交。

3. 要求提前终止行政监管的行政诉状和部分撤销行政限制的行政诉状，应由内务机关、被监管人员或其代理人向法院提交。

4. 如果被监管人员由于健康状况或其他正当原因而不能亲自向法院提出请求，则检察长有权依照本法典第39条第1款规定的程序向法院提交要求提前终止行政监管的行政诉状和部分撤销行政限制的行政诉状，以维护被监管人员的权利和自由。

5. 要求对即将从剥夺自由场所释放人员设立行政监管的行政诉状，向改造机构所在地的法院提交，要求对已经从剥夺自由场所释放人员设立行政监管的行政诉状，向该人员住所地或居留地的法院提交。

6.要求延长行政监管、增加行政限制、部分撤销行政限制、提前终止行政监管的行政诉状,向被监管人员住所地或居留地的法院提交。如果法院驳回提前终止行政监管的行政诉讼请求,则在法院作出驳回提前终止行政监管诉讼请求判决之日起至少过6个月后才能再提交要求提前终止行政监管的行政诉状。

7.要求按照联邦法律规定的根据对即将从剥夺自由场所释放的人员设立行政监管的行政诉状,改造机构的行政最迟应该在法院刑事判决规定的在剥夺自由场所服刑期届满前2个月向法院提交。

8.要求对作为附加刑判处限制自由刑的服刑人员,或者将未服完部分的剥夺自由刑期改判限制自由刑的服刑人员设立行政监管的行政诉状,内务机关至少应在被判刑人限制自由刑期限届满前1个月向法院提交。

9.不遵守本条第7款和第8款规定的期限,不是退回或拒绝受理要求设立行政监管的行政诉状的理由,也不是驳回诉讼请求的理由。在这种情况下,法院应该保证在法院刑事判决规定的被判刑人服剥夺自由刑或限制自由刑的期限届满之前审理行政案件。不遵守本条第7款和第8款规定的期限,说明已经违法并构成依照本法典第200条作出裁定的根据。

第271条 关于行政监管的行政诉状的内容与附具的文件

1.要求设立、延长、提前终止行政监管,提前或部分撤销行政限制的行政诉状,应该指出:

(1)本法典第125条第2款第(1)项至第(3)项、第(5)项、第(8)项所规定的信息材料;

(2)提交相关行政诉状的根据;

(3) 本条第 4 款至第 9 款规定的有关信息材料；

(4) 对行政案件审理有意义的情况。

2. 改造机构的行政诉状应该由机构的首长签字，内务机关的行政诉状应该由内务机关领导人签字，被设立行政监管人员要求提前终止行政监管、部分撤销行政限制的行政诉状应该由被监管人员签字，如其代理人签字具有相应权限，代理人也应该签字。

3. 行政诉状应该分别附具本条第 4 款至第 9 款所规定的文件和材料，以及证明诉状所列信息材料的文件和材料，还要附具本法典第 125 条第 1 款第(1)项所规定的文件。

4. 改造机构要求设立监管的行政诉状，应该指出将被设立行政监管的人员在改造机构服刑期间的行为表现，建议规定哪些行政限制和行政监管的期限。要求设立行政监管的行政诉状应附具法院的刑事判决以及改造机构首长认为被判刑人恶意违反服刑程序的裁决的副本。

5. 内务机关要求设立行政监管的行政诉状应该指出被设立行政监管人员的生活方式和行为表现，建议设立哪些行政限制和行政监管的期限。要求设立行政监管的行政诉状应该附具法院刑事判决的副本和证明有关人员实施行政违法行为的材料。

6. 要求延长行政监管的行政诉状应该指出有关被监管人员生活方式和行为表现的信息材料，建议延长行政监管的期限和行政限制的种类。要求延长行政监管的行政诉状应该附具证明上述人员实施行政违法行为的信息材料，以及说明其个人身份的材料。

7. 要求增加行政限制的行政诉状应该指出被监管人员的生活方式和行为表现及建议增加哪些行政限制。要求增加行政限制的行政诉状应该附具证明上述人员实施行政违法行为的材料和说明其个人身份的材料。

8．要求部分撤销行政限制的行政诉状，应该指出被监管人员的生活方式和行为表现及建议撤销哪些行政限制。要求部分撤销行政限制的行政诉状应该附具说明其个人情况的材料。

9．要求终止行政监管的行政诉状应该指出说明被监管人员的情况，附具说明被监管人员情况的材料。

第 272 条　涉及行政监管的行政案件的审理

1．对涉及行政监管的行政案件，法院应立即受理，但除行政诉讼请求由其他法院管辖并依照本法典第 129 条第 1 款第 2 项规定的根据退回行政诉状的除外。在受理行政诉讼请求以后，法院调取必要的文件和材料，而如果法院认为被设立行政监管、被延长行政监管、被增加行政限制的人员必须到庭，则法院应责成提交行政诉状的改造机构或内务机关保证该人出庭。

2．涉及行政监管的行政诉状所列信息材料的证明责任由向法院提出行政诉讼的请求方承担。

3．法院应将开庭的时间和地点通知被设立行政监管的人员、相应的改造机构或内务机关以及检察长。

4．在要求设立、延长行政监管或增加行政限制的行政案件中，检察长、有关改造机构或内务机关的代表已经收到关于开庭时间和地点的通知而不到庭的，不妨碍行政案件的审理和解决，但法院认为他们必须出庭的情形除外。

5．在要求提前终止行政监管、部分撤销行政限制的行政案件中，被监管人员或其代理人已经收到关于开庭时间和地点的通知而不到庭的，不妨碍行政案件的审理和解决，但法院认为上述人员和（或）其代理人必须出庭的情形除外。

6. 有关改造机构或内务机关的代表没有正当原因不到庭,而法院又认为他们必须出庭的,则依照本法典第122条和第123条规定的程序和数额对之处以诉讼罚金。

7. 涉及行政监管的行政案件,法院应在收到行政诉状之日起的10日内审理。关于对正在服刑的人员设立行政监管的行政案件,至迟应该在被判刑人服剥夺自由刑的期限届满之日的前一日或作为附加刑判处的限制自由刑及作为将未服完部分的剥夺自由刑改判的限制自由刑的期限届满之日的前一日审结。

8. 在解决设立行政监管、延长行政监管或增加行政限制的行政案件中,法院不受行政诉状所提出的行政监管期限和(或)行政限制种类的约束,法院根据行政案件具体情况可以确定联邦法律规定的其他种类的行政限制及在联邦法律规定的限度内规定不同的期限。

第273条　关于行政监管的行政案件的法院判决

1. 关于行政监管的行政案件的法院判决按照本法典第十五章的规则作出。

2. 关于行政监管的行政案件的法院判决的内容应该符合本法典第180条和本条第3款规定的要求。

3. 在关于行政监管的行政案件中,法院判决的结论部分应该包括下列内容:

(1) 在设立行政监管或延长行政监管的行政案件中,规定行政监管的期限、法院所规定的具体行政限制;

(2) 在增加行政限制的行政案件中,法院规定增加哪些具体的行政限制;

(3) 在部分撤销行政限制的行政案件中,法院规定撤销哪些具体的行政限制。

4. 在关于行政监管的行政案件中,法院应该在作出判决的当日制作判决的说明理由部分。

5. 法院判决的副本应交付案件参加人及其代理人,并由其出具收条,或者在制作完毕后以保证以最快送达的方式送交案件参加人。

/ # 第三十章 强制将公民安置到提供精神病学帮助的医疗住院机构、强制延长住院治疗或强制对公民进行精神病学检验的行政诉讼

第274条 强制将公民安置到提供精神病学帮助的医疗住院机构、强制延长住院治疗或强制对公民进行精神病学检验的行政诉讼规则适用问题

1. 按照本章的规则应该审理下列行政案件：

（1）关于强制将公民安置到提供精神病学帮助的医疗住院机构、强制延长住院治疗的行政案件；

（2）关于强制对公民进行精神病学检验的行政案件；

（3）关于强制将公民安置到提供精神病学帮助的医疗住院机构的其他行政案件，如果联邦法律对审理相关请求规定了法院诉讼。

2. 不得按照本章的规则审理涉及下列事项的请求：

（1）对患有精神病、实施了危害社会行为适用医疗性强制措施和延长适用医疗性强制措施；

（2）进行司法精神病学鉴定，包括将公民安置到提供精神病学帮助的医疗住院机构进行鉴定，以及强制对公民进行司法精神病学鉴定。

第 275 条　关于强制将公民安置到提供精神病学帮助的医疗住院机构或强制延长患有精神病的公民住院期限的行政诉状的提交

1. 关于强制将公民安置到提供精神病学帮助的医疗住院机构或强制延长患有精神病的公民住院期限的行政诉状(下称强制安排公民住院或强制延长公民住院期限的行政诉状),由安置公民的医疗机构提交。

2. 强制安排公民住院或强制延长公民住院期限的行政诉状向公民提供精神病学帮助的医疗住院机构所在地的法院提交。

3. 强制安排公民住院或强制延长公民住院期限的行政诉状应该指出本法典第125条第2款第(1)项至第(3)项、第(5)项、第(8)项规定的信息材料,联邦法律规定的强制将公民安置到提供精神病学帮助的医疗住院机构的根据,行政诉状还应该援引医生委员会的诊断结论和其他论证这些信息材料的材料。行政诉状由提供精神病学帮助的医疗住院机构的领导人或其副职签字。

4. 强制安排公民住院或强制延长公民住院期限的行政诉状应该附具:

(1) 精神病学医生委员会关于必须将公民安置到提供精神病学帮助的医疗住院机构的结论,结论应说明理由并按规定格式制作,结论应指出诊断结论、公民精神的严重程度和确诊标准,描述公民的一般健康状况和其行为,以及作出将公民安置到提供精神病学帮助的医疗住院机构的判决应考虑到的其他情况;

(2) 据以制作精神病学医生委员会关于强制将公民安置到提供精神病学帮助的医疗住院机构结论的材料,以及证明公民拒绝自愿被安置到提供精神病学帮助的医疗住院机构的材料;

(3）精神病学医生委员会的结论,应说明理由并按规定格式制作,指出公民的精神状态是否准许公民亲自出庭,包括在法院出庭；

(4）本法典第126条第1款第(1)项所规定的文件。

第276条 提交强制安排公民住院或强制延长公民住院期限的行政诉状的期限

1．强制安排公民住院的行政诉状应该在将公民安置到提供精神病学帮助的医疗住院机构之时起的48小时内向法院提交。

2．强制延长患有精神病的公民住院期限的行政诉状,应该在出现证明患有必须强制延长患有精神病的公民住院的情况之时起的48小时内向法院提交。

3．在收到有关行政诉状后,法官应立即作出受理行政诉状并延长公民在提供精神病学帮助医疗机构住院期限的裁定,延长的时间为审理关于强制将公民安置到提供精神病学帮助的医疗住院机构的行政诉状所必需的时间,但诉讼请求不属于该法院管辖并依照本法典第129条第1款第(2)项退回诉状的情形除外。如果公民可以到受理行政诉状的法院出庭,则应保证该公民出庭。

4．在法院受理关于强制安排公民住院或强制延长公民住院期限的行政诉状后,法院有权调取保证正确和及时审理行政案件所必需的文件和材料。

第277条 强制安排公民住院或强制延长公民住院期限的行政案件的审理

1．强制安排公民住院或强制延长公民住院期限的行政案件应该在法院受理行政诉状之日起的5日内审理。

2. 行政案件可以依照本法典第十一章规定的程序在不公开的审判庭审理。

3. 应将开庭的时间和地点通知被要求强制安排住院或强制延长住院期限的公民及其代理人、提供精神病学帮助的医疗住院机构的代表。

4. 如果公民的心理状态允许他正确理解法庭上发生的一切，而他出庭不会对其本人或周围人群的生命或健康构成危险，则公民有权亲自出庭并说明自己对被强制安排住院或强制延长住院期限的态度。

5. 强制安排公民住院或强制延长公民住院期限的行政案件在审理时，应该有检察长、提供精神病学帮助的医疗住院机构的代表和强制被安置到住院机构或强制延长其住院期限的公民的代理人出庭。必要时，法院可以传唤其他人到庭。检察长如收到通知而不到庭的，不妨碍行政案件的审理。

6. 如果被强制安置到住院机构或强制延长其住院期限的公民没有代理人，则法院可以依照本法典第54条规定的程序指定一名律师作为其代理人。

7. 开庭的地点可以在法院，也可以在提供精神病学帮助的住院医疗机构。如果法院认为公民的心理状态允许他亲自出庭但又不能到法院出庭，则在提供精神病学帮助的住院医疗机构开庭。在其他情况下一律在法院开庭。

第 278 条　应该查明的情况

1. 在审理强制安排公民住院或强制延长公民住院期限的行政案件时，法院必须查明：

（1）公民是否患有严重的精神病；

（2）如果不对公民进行精神病学帮助，公民的严重精神病是否可能对公民本人或对周围人群构成直接危险和（或）可能由于心理状态恶化而对其健康造成重大损害；

（3）是否只有在提供精神病学帮助的住院医疗机构才可能对公民进行检查和治疗；

（4）是否存在公民拒绝或逃避自愿在提供精神病学帮助的医疗机构住院或延长住院的事实。

2. 强制安排公民住院或强制延长公民住院期限的行政案件中，证明责任由提起行政诉讼的人承担。

3. 必要时，法院可以主动调取证据。

第279条　强制安排公民住院或强制延长公民住院期限的行政案件的法院判决

1. 在对强制安排公民住院或强制延长公民住院期限的行政案件进行审理后，法院作出判决。

2. 如果法院确定有强制安排公民住院或强制延长公民住院期限的根据，则作出满足诉讼请求的判决，如果确定没有根据，则作出拒绝满足诉讼请求的判决。

3. 法院判决的内容应该符合本法典第180条的要求，而判决的开始部分还应该指出法庭审理的地点。

4. 在强制安排公民住院或强制延长公民住院期限的行政案件中，说明理由的法院判决应该在判决作出之日制作完毕。

5. 法院判决的副本应该交付案件参加人及其代理人，或者在制作完毕后采取能够保证以最快送达的方式送交。

第280条　强制精神病学检验

1. 要求强制对公民进行精神病学检验的行政诉状，应该由提供精神病学帮助的心理医生向法院提交。

2. 要求强制对公民进行精神病学检验的行政诉状应该附具精神病学医生关于必须进行检查的说明理由的结论和精神病学医生据以作出结论的其他材料,以及本法典第126条第1款第(1)项规定的文件。

3. 要求强制对公民进行精神病学检验的行政案件,法院应该在收到行政诉状之日起的3日内审理。

4. 应将开庭的时间和地点通知被要求进行精神病学检验的公民及其代理人、精神病学医生和检察长。检察长和精神病学医生不到庭的,不妨碍行政案件的审理和解决。

5. 必要时法院还可以传唤其他人。

6. 在审理要求强制对公民进行精神病学检验的行政案件时,法院必须查明:

(1) 是否有材料说明公民实施了证明其患有严重精神病的行为;

(2) 如果不对公民进行精神病学帮助,严重精神病是否造成公民孤立无援和(或)可能使其心理恶化而对其健康造成重大损害;

(3) 公民是否存在拒绝或逃避自愿进行精神病学检验的事实。

7. 法院如果认为要求强制对公民进行精神病学检验是有根据的,则作出满足诉讼请求的判决。如果没有根据将公民强制送去进行精神病学检验,则作出拒绝满足行政诉讼请求和驳回强制对公民进行精神病学检验的诉讼请求的判决。

8. 在要求强制对公民进行精神病学检验的行政案件中,说明理由的判决应该在作出之日制作完毕。

9. 法院判决的副本应该交付案件参加人及其代理人,并由他们出具收条,或者在制作完毕后采取能够保证以最快送达的方式送交。

第三十一章　强制将公民安置到结核病防治住院机构的行政诉讼

第281条　强制将公民安置到结核病防治住院机构的行政诉状的提交

1. 对患有传染性结核病并多次违反卫生防疫制度或者故意逃避结核病筛查或结核病治疗的公民，可以提起要求强制将其安置到结核病防治住院机构的行政诉讼。

2. 要求强制将公民安置到结核病防治住院机构的行政诉状，由对公民进行结核病防治的医疗机构提交。

3. 要求强制将公民安置到结核病防治住院机构的行政诉状应该指出本法典第125条第2款第（1）项至第（3）项、第（5）和第（8）项规定的信息材料、联邦法律规定的要求强制将公民安置到结核病防治住院机构的根据，还应该指出医生委员会的诊断结论以及其他论证诉讼请求的材料。

4. 要求强制将公民安置到结核病防治住院机构的行政诉状应该附具下列材料：

（1）公民的病史；

（2）结核病防治住院机构医生委员会的诊断结论，上面应指出疾病的严重程度、进行防治观察的必要性，以及其他证明必须强制将公民安置到结核病防治住院机构的材料；

（3）结核病防治住院机构医生委员会据以作出强制将公民安置到结核病防治住院机构结论的文件；

（4）证明被要求强制将安置到结核病防治住院机构的公民多次违反卫生防疫制度或故意逃避结核病筛查或结核病治疗的文件；

（5）本法典第126条第1款第（1）项规定的文件。

第282条　要求强制将公民安置到结核病防治住院机构的行政诉状的受理

1. 在收到要求强制将公民安置到结核病防治住院机构的行政诉状后,法官应立即作出受理诉状的决定,但案件不属于该法院管辖并依照本法典第129条第1款第（2）项退回行政诉状的除外。

2. 在受理要求强制将公民安置到结核病防治住院机构的行政诉状后,法院有权调取保证行政案件正确审理和解决所必需的文件和材料。

第283条　要求强制将公民安置到结核病防治住院机构的行政案件的审理

1. 如果本法典和其他联邦法律未有不同规定,对要求强制将公民安置到结核病防治住院机构的行政案件审理的程序和期限,适用本法典第三十章的规则。

2. 要求强制将公民安置到结核病防治住院机构的行政案件,应该在法院受理之日起的5日内审理。

3. 行政案件可以依照本法典第11条规定的程序在不公开的审判庭审理。

4. 应该将开庭的时间和地点通知被要求强制安置到结核病防治住院机构的公民或其法定代理人、结核病防治医疗机构的代表以及检察长。

5．本条第4款所列人员必须到庭。

6．必要时,法院可以传唤其他人出庭。

第284条 应该查明的情况

1．在审理要求强制将公民安置到结核病防治住院机构的行政案件时,应该查明:

(1) 被要求强制安置到结核病防治住院机构的公民是否患有传染性结核病;

(2) 是否有事实说明被要求强制安置到结核病防治住院机构的公民多次违反卫生防疫制度或故意逃避结核病筛查或结核病治疗。

2．在要求强制将公民安置到结核病防治住院机构的行政案件中,证明责任在原告一方。

3．必要时法院可以主动调取证据。

第285条 要求强制将公民安置到结核病防治住院机构的行政案件的法院判决

1．在审理要求强制将公民安置到结核病防治住院机构的行政案件后,法院作出判决。

2．如果法院确定强制将公民安置到结核病防治住院机构是有根据的,则作出满足行政诉讼请求的判决。

3．法院判决的内容应该符合本法典第180条的要求,而其开始部分还应指出进行法庭审理的地点。

4．在要求强制将公民安置到结核病防治住院机构的行政案件中,说明理由的判决应该在作出之日制作完毕。

5．法院判决的副本应该交付案件参加人及其代理人,或者在判决制作完毕后立即采取能够保证以最快送达的方式送交。

第三十二章 追索应付款项和罚款的行政诉讼

第 286 条 向法院提出追索应付款项和罚款的行政诉讼请求的权利

1. 如果自然人拖欠应付款项,而对缴纳应付款项实行监督的机关(下称监督机关)的付款要求得不到自愿执行,或者要求中所提出的付款期限已经逾期而联邦法律又没有规定追索应付款项和罚款的不同程序,则国家权力机关、其他国家机关、地方自治机关和监督机关,有权向法院提出行政诉讼请求,向自然人追索法定的应付款项和罚款。

2. 追索应付款项和罚款的行政诉讼请求可以在应付款和罚款请求执行逾期之日起的 6 个月内向法院提出。由于正当原因而迟误向法院提出行政诉讼请求的期限,可以由法院恢复。

第 287 条 对追索应付款项和罚款的行政诉状的要求

1. 追索应付款项和罚款的行政诉状的格式应该符合本法典第 125 条第 1 款的要求,并由提出诉讼请求的监督机关的领导人签字。行政诉状应该指出:

(1) 本法典第 125 条第 2 款第(1)项至(3)项、第(5)项和第(8)项规定的信息材料;

(2) 应该予以追索的应付款项的名称、数额与计算;

（3）规定缴纳应付款项的联邦法律和其他规范性法律文件；

（4）发出要求主动缴纳通知的情况；

（5）罚款的数额和计算，如果具有财产性质，则还要指出规定罚款的规范性法律文件的有关条款。

（6）关于依照本法典第十一·一章规定的程序作出的撤销追索强制付款和罚金的法院支付令的信息材料。

（本项由2016年4月5日第103号联邦法律增补）

2. 追索应付款项和罚款的行政诉状应该附具证明行政诉状中所列情况的文件，包括原告发出的要求主动缴纳所追索款项的通知的副本；法院关于撤销追索强制付款和罚金的法院支付令的裁定的复印件；本法典第126条第1款第（1）项规定的其他证明行政诉状签字人权限的委托书或其他文件。

（本款由2016年4月5日第103号联邦法律修订）

第288条 追索应付款项和罚款的行政案件中的保全措施

法院有权依照本法典第七章规定的程序对被告的财产进行扣押，但数额不得超过请求的数额。

第289条 追索应付款项和罚款的行政案件的法庭审理

1. 追索应付款项和罚款的行政案件，应在法院收到有关行政诉状之日起的3个月内审理。

2. 法院应将开庭的时间和地点通知案件参加人。案件参加人已经收到通知而不到庭的，不妨碍行政案件的审理，但法院认为他们必须到庭的情形除外。

3. 如果法院认为传唤出庭的人必须到庭而不到庭，则法院可以依照本法典第122条和第123条规定的程序和数额对他们处以诉讼罚金。

4. 追索应付款项和罚款的根据的证明责任由原告承担。

5. 必要时法院可以主动调取证据。

6. 在审理追索应付款项和罚款的行政案件时,法院审查提出追索应付款项和罚款的行政诉讼请求的机关的权限;查明向法院提出诉讼请求的期限是否得到遵守,如果联邦法律和其他规范性法律文件规定了该期限;查明追索应付款项和罚款是否有根据;审查计算是否正确和计算出来的追索数额是否正确。

第290条　追索应付款项和罚款的行政案件的法院判决

1. 法院依照本法典第十五章的规则对追索应付款项和罚款的行政案件作出判决。

2. 在满足追索应付款项和罚款的行政诉讼请求时,法院判决应该指出:

(1) 缴纳欠款义务人的姓名和住所地;

(2) 应该追索的款项总额,并分别指出欠款和罚金的数额。

第五编 行政案件审理的简易(书面)程序

第三十三章　按照简易(书面)程序审理行政案件

第291条　按照简易(书面)程序审理行政案件的可能性

有下列情形之一的,行政案件可以通过简易(书面)程序审理:

(1)案件所有参加人均申请缺席,而在审理该类行政案件时他们出庭并不是必须的;

(2)原告申请按照简易(书面)程序审理行政案件,而被告不反对使用这种程序审理行政案件;

(3)行政诉讼请求中所提出的应付欠款和罚金的总额不超过2万卢布;

(4)本法典规定的其他情况。

第292条　行政案件简易(书面)诉讼程序的特点

1.通过简易(书面)程序审理行政案件时,不再进行言辞形式的审理。在通过这种程序审理案件时,法院只通过书面形式审查证据(包括对行政诉讼请求的解释、答辩均使用书面形式,以及在本法典规定检察长参加法院诉讼的情况下,检察长的结论也使用书面形式)。

2.如果通过简易(书面)程序审理行政案件时必须查明被告对适用这种程序的意见,在准备行政案件审理的裁定中,法院应指出适用简易(书面)程序的可能性并规定对适用该程序向法院提出异议的期限为 10 日。

3. 对于本条第 2 款规定的情况，如果被告不反对通过简易（书面）程序审理行政案件，则行政案件可以通过简易（书面）程序审理。

4. 如果本条第 2 款规定的期限届满，而法院未收到被告提出的异议，则法院作出简易（书面）程序审理行政案件的裁定，同时按照有关规则审理行政案件。

5. 如果本条第 2 款规定的期限已经届满，但在法院通过简易（书面）程序作出判决之前法院收到对简易（书面）程序审理行政案件的异议，则法院应作出裁定，按照一般规则审理行政案件。

6. 通过简易（书面）程序审理行政案件时，如果本法典未规定合议庭审理，则在作出通过简易（书面）程序审理行政案件的裁定之日起的 10 日内由法官独任审理。

第 293 条　通过简易（书面）程序审理行政案件的法院判决

1. 在通过简易（书面）程序审理行政案件时，应考虑本法典第十五章的规则和涉及简易（书面）程序实质的规则作出判决。

2. 判决的副本应在判决作出后的第一个工作日发给案件参加人。

第 294 条　简易（书面）程序作出的法院判决的上诉

对根据通过简易（书面）程序审理行政案件的结果作出的法院判决，案件参加人可以在收到判决副本之日起的 15 日内通过上诉程序提出上诉。

第六编 上诉审法院的诉讼

第三十四章 上诉审法院的诉讼

第 295 条 上诉权

1. 对第一审法院尚未生效的判决,可以依照本章的规则通过上诉程序提出上诉。

2. 对法院判决的上诉权属于案件参加人,以及属于虽然没有参加行政案件,但法院所解决的问题涉及其权利和义务的人。参加行政案件的检察长有对法院判决提出抗诉的权利。

第 296 条 审理上诉状、抗诉书的法院

如果本法典未有不同规定,则上诉、抗诉由下列法院审理:

(1) 共和国最高法院、边疆区法院、州法院、联邦直辖市法院、自治州法院、自治专区法院、军区(舰队)军事法院,审理对区法院、卫戍区军事法院判决提出的上诉和抗诉;

(2) 俄罗斯联邦最高法院行政案件审判庭,审理对共和国最高法院、边疆区法院、州法院、联邦直辖市法院、自治州法院、自治专区法院、军区(舰队)军事法院作为第一审法院作出的判决提出的上诉和抗诉;

(3) 俄罗斯联邦最高法院军事审判庭,审理对军区(舰队)军事法院作为第一审法院作出的判决提出的上诉和抗诉;

(4) 俄罗斯联邦最高法院上诉庭,审理对俄罗斯联邦最高法院行政审判庭、俄罗斯联邦军事案件审判庭和俄罗斯联邦最高法院纪律审判庭作为第一审法院所作出的判决的上诉和抗诉。

第 297 条　提出上诉、抗诉的程序

上诉状、抗诉书通过第一审法院提交。上诉审直接收到的上诉状、抗诉书,应该送交原判法院,以便依照本法典第 302 条的要求实施行为。

第 298 条　提交上诉状、抗诉书的期限

1. 上诉状、抗诉书可以在法院判决之日起的 1 个月内提交,但本法典规定了不同期限的除外。

2. 在对俄罗斯联邦主体关于解散地方自治组织代议制机关的法律提出异议的行政案件中,在对地方自治组织代议制机关自行解散的决定提出异议的行政案件中或者对自治地方代议制机关关于地方自治组织首脑辞职的决定提出异议的行政案件中,对法院判决的上诉状、抗诉书可以在法院判决作出之日起的 10 日内提交。

3. 在对选举委员会通过的规范性法律文件提出异议的行政案件中,以及对俄罗斯联邦公民实现选举权和参加全民公决权利问题、调整与竞选活动和全民公决预备有关的规范性法律文件提出异议的行政案件中,以及维护俄罗斯联邦公民选举权和参加全民公决权利的行政案件中,对法院判决可以在判决作出之日起的 5 日内提交上诉状、抗诉书。

4. 关于将应该驱逐出境或准予再入籍的外国公民安置到专门机构或者关于延长应该驱逐出境或准予再入籍的外国公民在专门机构的居留期的行政案件中,对法院判决的上诉状、抗诉书可以在判决作出之日起的 10 日内提交。

5. 在关于行政监管的行政案件中,对法院判决的上诉状、抗诉书可以在判决作出之日起的 10 日内提交。

6. 在强制将公民安置到提供精神病学帮助的医疗住院机构或强制延长患有精神病的公民住院期限的行政案件中,强制对公民进行精神病学检验的行政案件中以及强制将公民安置到结核病防治住院机构的行政案件中,对法院判决的上诉状、抗诉书可以在法院判决作出之日起的10日内提交。

第299条 上诉状、抗诉书的内容

1. 上诉状、抗诉书应该包括以下内容:

(1)接受上诉状、抗诉书的法院的名称;

(2)上诉人、抗诉人的名称或姓名及其所在地或住所地;

(3)被提出上诉或抗诉的法院判决;

(4)上诉人的请求、提出抗诉的检察长的请求以及其认为法院判决不正确的根据;

(5)上诉状、抗诉书所附具文件的清单。

2. 上诉状由上诉人或其代理人签字。代理人提交上诉状时,应附具证明代理人权限的文件,以及在案卷中没有本法典第55条第3款所规定的其他文件时还应附具这些文件。

3. 抗诉书应该由检察长签字。

4. 如果上诉应该缴纳国家规费,上诉状应该附具证明已经缴纳国家规费的单证。

5. 不具有国家权力或其他公权力的上诉人,可以用挂号信将上诉状的复印件送交案件参加人,如果后者没有所附具的文件,还应将所附文件的复印件一并发送,挂号信应有签收回执或者以其他方式让法院了解收件人已经收到上诉状和文件的复印件。如果该人不将上述材料发给案件其他参加人或未将上述文件送交案件其他参加人,则上诉状连同所附文件的复印件应按案件参加人的人数提交给法院。

6.具有国家权力或其他公权力的上诉人、抗诉人,必须用挂号信或者其他保证送达的方式将上诉状、抗诉书以及所附文件的复印件送交案件其他参加人,挂号信应有签收回执或者以其他方式让法院了解收件人已经收到上诉状和文件的复印件。

7.上诉状、抗诉书和所附文件可以用在法院官方网站上填写电子表格的方式提交。

(本款于 2016 年 9 月 15 日生效——2015 年 3 月 8 日第 22 号联邦法律规定)

第 300 条 上诉状、抗诉书的搁置不予启动

1.如果上诉状、抗诉书不符合本法典第 299 条第 1 款第(2)项和第(4)项及第 2 款至第 6 款的要求,法院应在收到上诉状、抗诉书之日起的 5 日内,在对维护公民选举权和参加全民公决权利的行政案件中、在将应该驱逐出境或准许再入籍的外国公民安置到专门机构或者关于延长应该驱逐出境或准许再入籍的外国公民在专门机构的居留期的行政案件中、在强制将公民安置到提供精神病学帮助的医疗住院机构或强制延长患有精神病的公民住院期限的行政案件中、在强制对公民进行精神病学检验的行政案件中以及强制将公民安置到结核病防治住院机构的行政案件中,则在收到上诉状、抗诉书之日起的 3 日内作出搁置上诉状、起诉书不予启动的裁定,并考虑上诉状、抗诉书的缺陷的性质以及上诉人的住所地或所在地指定一个排除上诉状、抗诉书缺陷的合理期限。

2.如果上诉人、抗诉人在指定期限内完成了法院裁定的指示,则上诉状、抗诉书应视为是在最初提交之日提交的。

3.对搁置上诉状、抗诉书不予启动的法院裁定可以提出申诉、抗诉。

第 301 条　退回上诉状、抗诉书

1．有下列情形之一的,上诉状退回上诉人,抗诉状退回检察长：

（1）上诉人无权向上诉审法院提出上诉；

（2）没有在规定期限内完成法官在关于搁置上诉状、抗诉书不予启动的裁定书中所作出的指示；

（3）提出上诉的期限届满,上诉状、抗诉书中又未申请恢复该期限或者恢复申请被驳回；

2．如果案件尚未移送到上诉审法院,则上诉状根据上诉人的请求退回,抗诉书由检察长撤回。

3．根据法院裁定,上诉状退回上诉人,抗诉书退回检察长。对法院关于退回上诉状、抗诉书的裁定,可以提出申诉、抗诉。

第 302 条　第一审法院在收到上诉状、抗诉书后的行为

1．第一审法院在本法典第 298 条规定的期限内收到上诉状后,如果上诉人不具有国家权力或其他公权力,而上诉状符合本法典第 299 条的要求,上诉人又未将上诉状及其所附具文件的复印件送给案件参加人,则法院应实施上述行为。

2．上诉人由于正当原因包括由于他没有关于被上诉法院裁判的信息材料而迟误提出上诉的期限,第一审法院可以根据该人的申请恢复该期限。要求恢复提交上诉状、抗诉书的期限的申请,由法院按照本法典第 95 条规定的程序审理。

3．案件参加人有权以书面形式向第一审法院对上诉状、抗诉书提交答辩状,答辩状复印件的数量应与案件参加人的人数相一致,并有权了解案件材料以及了解随上诉状、抗诉书和答辩状收到的有关材料。

4. 上诉期届满后，第一审法院应将案卷连同上诉状、抗诉书和答辩状一并送交上诉审法院。

5. 在行政案件上诉期届满之前，案卷不得送交上诉审法院。

第303条 放弃上诉、抗诉

1. 在法院作出上诉裁定之前，允许放弃上诉、抗诉。

2. 关于放弃上诉、抗诉的申请书应以书面形式向上诉审法院提交。

3. 就放弃上诉、抗诉的事宜，上诉审法院应作出裁定，从而终止对该上诉、抗诉的诉讼程序。

4. 由于放弃上诉、抗诉而终止有关诉讼时，不妨碍就他人对第一审法院判决提出的上诉、抗诉的审理。

第304条 原告放弃行政诉讼请求、被告承认行政诉讼请求、双方当事人在上诉审法院达成和解

1. 原告放弃行政诉讼请求、被告承认行政诉讼请求或双方当事人在上诉审法院达成和解，应该表现为向上诉审法院提交的书面申请。如果原告放弃行政诉讼请求、被告承认行政诉讼请求以及和解的条件在审判庭提出，则应将放弃、承认及和解条件记入审判庭笔录，并分别由原告、被告、双方当事人签字。

2. 审理关于放弃行政诉讼请求、承认行政诉讼请求、订立和解协议的申请的程序和后果由本法典第157条的规则规定。在接受原告放弃行政诉讼请求或批准和解协议时，上诉审法院撤销原判并终止行政诉讼。在被告承认并接受行政诉讼请求时，上诉审法院作出满足原告诉讼请求的判决。

第305条 上诉审法院审理案件的期限

1. 共和国最高法院、边疆区法院、州法院、联邦直辖市法院、自

治州法院、自治专区法院、军区(舰队)军事法院在收到上诉状、抗诉书之日起的 2 个月内对上诉、抗诉进行审理。

2. 俄罗斯联邦最高法院在收到上诉状、抗诉书之日起的 3 个月内对上诉、抗诉进行审理。

3. 在对俄罗斯联邦主体行政机关、地方自治机关关于举行公共活动(集会、群众大会、游行、示威、纠察)有关问题的决定、行为(不作为)、与上述机关要求事先说明这种公共活动目的和举行方式有关的决定、行为(不作为)提出异议的行政案件中,对法院判决的上诉、抗诉最迟应在举行上述公共活动的前一日审理。

4. 在要求认定俄罗斯联邦主体关于解散地方自治组织代议制机关的法律无效的行政案件中,对地方自治组织代议制机关自行解散的决定提出异议的行政案件中或者对自治地方代议制机关关于地方自治组织首脑辞职的决定提出异议的行政案件中,上诉审法院应在收到上诉状、抗诉书之日起的 10 日内审理上诉、抗诉。

5. 在维护俄罗斯联邦公民选举权和参加全民公决权利的行政案件中,上诉审法院在竞选期间、全民公决准备期间收到上诉状、抗诉书的,则上诉审法院应在收到上诉状、抗诉书之日起的 5 日内审理上诉、抗诉。

6. 在关于候选人名单、一名候选人(多名候选人)选区的候选人名单的认证或拒绝认证的行政案件中,在关于候选人(候选人名单)登记、拒绝候选人(候选人名单)登记、将候选人从经过认证的候选人名单中删除、撤销候选人(候选人名单)登记等行政案件中,对在投票日之前收到的上诉状、抗诉书,法院至迟应在投票的前一日审理。在这种情况下,候选人上诉审法院撤销(候选人名单)登记的时间至迟应在投票之前 2 天。

7. 在关于投票结果、选举结果、全民公决结果的行政案件中，上诉审法院至迟应在收到上诉状、抗诉书之日起的 2 个月内对法院判决的上诉、抗诉进行审理。

8. 在将应该驱逐出境或准许再入籍的外国公民安置到专门机构或者关于延长应该驱逐出境或准许再入籍的外国公民在专门机构的居留期的行政案件中，上诉审法院应该在收到上诉状、抗诉书之日起的 5 日内进行审理。

9. 在关于行政监管的行政案件中，上诉审法院应在收到上诉状、抗诉书之日起的 1 个月内进行审理。

10. 在强制将公民安置到提供精神病学帮助的医疗住院机构或强制延长患有精神病的公民住院期限、强制对公民进行精神病学检验以及强制将公民安置到结核病防治住院机构的行政案件中，上诉审法院应在收到上诉状、抗诉书之日起的 1 个月内进行审理。

第 306 条　上诉审法院准备行政案件的审理

1. 在收到附上诉状或抗诉书的行政案卷后，上诉审法院通过行政案件审理的准备程序，有权主动地或根据上诉人、抗诉人的申请，依照本法典第 63 条规定的程序调取必要的证据。上诉审法院还要根据案件参加人的申请或主动地解决适用保全措施和（或）中止法院判决执行的问题。在申请人证明不可能或难于执行法院判决时，可以中止法院判决的执行。

2. 在确定行政案件的法庭审理以后，上诉审法院应该将审理上诉、抗诉的时间和地点通知案件参加人。

第 307 条　上诉审法院审理行政案件的程序

1. 上诉审法院按照第一审法院的诉讼规则并考虑本法典规定

的特点,在审判庭审理行政案件。

2.采取合议庭审理程序审理行政案件的上诉、抗诉。

3.审判长宣布上诉审法院开庭,宣布审理什么行政案件,谁提出上诉或抗诉,对哪个法院的判决提出上诉或抗诉;查明哪些案件参加人及其代理人到庭,确认到庭人员的身份,检查公职人员的权限、代理人的权限以及本法典第55条第3款规定的其他文件,向案件参加人说明其诉讼权利和义务。

4.上诉审法院审理行政案件时,首先由审判长或一名法官报告案情。报告人叙述行政案件的案情、第一审法院判决的内容、上诉状或抗诉书及答辩状提出的理由、向法院提交的新证据的内容,以及说明法庭为审查第一审法院判决所必须审理的材料。

5.在报告案情后,上诉审法院听取出庭人员、案件参加人及其代理人的解释。第一个发言的是上诉人或其代理人,或者是提出抗诉的检察长。如果两方都对第一审法院判决提出上诉,则首先由原告发言。

6.在上诉人或提出抗诉的检察长、案件其他参加人及其代理人发言后,上诉审法院根据有关申请或者主动地审查行政案件现有的证据和收到的新证据。

7.在调查案情的审查证据结束后,上诉审法院让案件参加人参加法庭辩论,发言顺序与进行解释的顺序相同。

8.在上诉审法庭的每个审判庭以及在庭外实施诉讼行为时均应进行录音和依照本法典第二十章制作笔录,但通过简易程序审理申诉的情况除外。

9.上诉审法院不适用几个行政诉讼请求并案或分立、变更行政诉讼标的或行政诉讼理由、变更行政诉讼请求、提出反诉、更换不当被告等规则。

第308条 上诉审法院审理行政案件的范围

1．上诉审法院对行政案件进行全面审查,而不受上诉状、抗诉书、答辩状所列根据和理由的约束。

2．上诉审法院对行政案件现有证据以及补充提交的证据进行评价。对接受新证据的事宜,上诉审法院应作出裁定。只有由于正当原因在第一审法院不能提交证据时,才可以提交新的证据。

3．不属于第一审法院审理标的的新的诉讼请求,上诉审法院不予接受也不予审理。

第309条 上诉审法院的权限

根据对上诉、抗诉的审理结果,上诉审法院有权:

(1) 维持第一审法院的判决,驳回上诉或抗诉;

(2) 完全或部分撤销或变更第一审法院的判决并对行政案件作出新的判决;

(3) 如果第一审法院审理行政案件的组成人员不合法,或者某一案件参加人没有收到开庭时间和地点的通知而没有到庭,或者法院解决权利和义务问题所涉及的人没有参加行政案件,则撤销原判并将行政案件发还重审。

(4) 完全或部分撤销第一审法院的判决并终止行政诉讼或依照本法典第194条和第195条规定的根据完全或部分对请求不予审理。

(5) 在存在本法典第301条第1款所规定的根据时,搁置行政案件的实体审理。

第310条 通过上诉程序撤销或变更判决的根据

1．有下列情形之一的,第一审法院的判决无条件撤销:

(1)审理行政案件的法庭组成不合法;

(2)审理行政案件时,某一案件参加人没有收到开庭时间和地点的通知而没有到庭;

(3)不通晓诉讼语言的案件参加人使用母语或任何自由选择的交际语言进行解释、提出申请、提出告诉的权利和利用翻译人员服务的权利没有得到保障;

(4)法院对没有参加行政案件的人的权利和义务作出了判决;

(5)法官或法官之一没有在判决上签字,或者在判决上签字的不是审理行政案件的法官或作为法庭组成人员的法官;

(6)没有审判庭笔录;

(7)在作出判决时违反了秘密评议规则。

2.通过上诉程序撤销或变更判决的根据是:

(1)确定对案件有意义的情况不正确;

(2)第一审法院确定的对于行政案件有意义的情况没有得到证明;

(3)法院判决中所叙述的第一审法院结论不符合行政案件的情况;

(4)违反或不正确适用实体法规范或诉讼法规范。

3.不正确适用实体法规范是:

(1)没适用应该适用的法律;

(2)适用了不应该适用的法律;

(3)对法律的解释不正确,包括没有考虑俄罗斯联邦宪法法院、俄罗斯联邦最高法院全体会议和俄罗斯联邦最高法院主席团的裁决中所包含的法律立场。

4. 违反或不正确适用诉讼法规范是变更或撤销第一审法院判决的根据,如果此种违反或不正确适用导致作出不正确的判决。

5. 实体上正确的第一审法院判决不得因形式考量而被撤销。

第311条 上诉审法院的裁判

1. 根据对上诉状、抗诉书的审理结果,上诉审法院以上诉审裁定的形式作出裁判。

2. 上诉审裁定应该指出:

(1) 作出上诉审裁定的日期和地点;

(2) 作出上诉裁定的法院的名称、法庭的组成人员;

(3) 上诉人、抗诉人;

(4) 简短叙述被上诉的第一审法院判决、上诉状、抗诉书、所提交的证据、参加第一审法院审理行政案件的人的解释内容;

(5) 上诉审法院所确定的行政案件的情况,根据对上诉、抗诉的审理结果所得出的结论;

(6) 法院得出自己结论的理由、援引法院所遵循的法律。

3. 在驳回上诉、抗诉时,法院必须指出驳回上诉、抗诉的理由。

4. 上诉审法院的裁定还应规定双方当事人如何分摊提出上诉、抗诉的诉讼费用。

5. 上诉审法院的裁定自作出之日起生效。

第312条 行政案件审理后收到的上诉、抗诉的审理程序

1. 如果在上诉审审理行政案件后再收到其他的上诉、抗诉并因而恢复提出上诉的期限的,则上诉审法院应该对它们进行审理。

2. 如果上诉审法院根据对本条第1款所列上诉、抗诉的审理结果认为原来的上诉审裁定不合法或根据不充分,则撤销原裁定,

并作出新的上诉审裁定。

第313条　对第一审法院裁定的申诉

1．有下列情形之一的,对第一审法院的裁定,双方当事人和案件的其他参加人可以与法院判决分开,单独向上诉审法院提出申诉,检察长也可以提出抗诉：

（1）本法典有相关规定；

（2）法院裁定使行政诉讼不能继续进行。

2．审理申诉和抗诉的办法：

（1）对和解法官的裁定的上诉,由区法院审理；

（2）对区法院、卫戍区军事法院裁定的申诉和抗诉,由共和国最高法院、边疆区法院、州法院、联邦直辖市法院、自治州法院、自治专区法院、军区(舰队)军事法院审理；

（3）对共和国最高法院、边疆区法院、州法院、联邦直辖市法院、自治州法院、自治专区法院、军区(舰队)军事法院裁定的申诉和抗诉,由共和国最高法院、边疆区法院、州法院、联邦直辖市法院、自治州法院、自治专区法院、军区(舰队)军事法院上诉审理；

（4）对俄罗斯联邦最高法院行政审判庭作为第一审法院作出的裁定,由俄罗斯联邦最高法院上诉庭审理。

（本款由2016年4月5日第103号联邦法律修订）

3．对本条第1款所列之外的法院裁定不提出上诉或抗诉,对它们的异议可以列入上诉状、抗诉书。

第314条　提出申诉、抗诉的期限

1．申诉状和检察长的抗诉书可以在第一审法院裁定作出之日起的15日内提交。

2．在维护俄罗斯联邦公民选举权和参加全民公决权利的行政案件中,包括在要求撤销选举委员会作出的规范性法律文件、就俄罗斯联邦公民实现选举权和参加全民公决权利问题所通过的规范性法律文件的行政案件中,对法院裁定的申诉和抗诉可以在法院作出裁定之日起的5日内提出。

3. 在将应该驱逐出境或准予再入籍的外国公民安置到专门机构或者关于延长应该驱逐出境或准予再入籍的外国公民在专门机构的居留期的行政案件中,对法院裁定的申诉和抗诉可以在裁定作出之日起的5日内提出。

4. 在关于行政监管的行政案件中,对法院裁定的申诉、抗诉可以在裁定作出之日起的10日内提交。

5. 在强制将公民安置到提供精神病学帮助的医疗住院机构或强制延长患有精神病的公民住院期限的行政案件中以及在强制将公民安置到结核病防治住院机构的行政案件中,对法院裁定的申诉、抗诉可以在裁定作出之日起的10日内提出。

6. 在要求强制对公民进行精神病学检验的行政案件中或者在驳回强制对公民进行精神病学检验的行政案件,对法院裁定的申诉或抗诉可以在法院裁定作出之日起的10日内提出。

第315条 申诉状、抗诉书的提交和审理程序

1. 申诉状和检察长的抗诉书依照本章规定的程序提交和审理,同时遵守本条规定的例外和特点。

2. 除第一审法院关于搁置行政诉状不予审理或驳回行政诉讼请求的裁定、检察长关于因新发现的情况和新情况对法院裁判进行再审的抗诉外,对第一审法院裁定的审理依照本法典第三十三章的规则,通过简易(书面)程序和依照本法典第305条规定的期限进行,不进行录音,也不制作笔录。

3. 考虑所审理诉讼问题的性质和复杂程度以及申诉、检察长抗诉的理由,上诉审法院可以将审理上诉、抗诉的时间和地点通知案件参加人并传唤他们到庭。

第 316 条　上诉审法院审理上诉、抗诉的权限

上诉审法院在审理上诉、检察长的抗诉后有权:

(1) 维持第一审法院的裁定不变,驳回上诉或抗诉;

(2) 完全或部分撤销法院裁定,对问题进行实体解决。

第 317 条　上诉审法院裁定的法律效力

上诉审法院对申诉、检察长抗诉所作出的裁定,自其作出之日起发生法律效力。

第七编　对已生效法院裁决的再审

第三十五章　申诉审法院的诉讼

第318条　向申诉审法院提出请求的权利

1. 在本法典规定的情况下,案件参加人以及权利和自由因法院裁判而受到侵害的其他人,可以依照本章规定的程序对已经发生法律效力的法院裁判向申诉审法院提出申诉。

2. 如果本条第1款所列人员已经穷尽了本法典规定的在法院裁判生效以前对之提起申诉的其他方式,则可以在法院裁判生效之日起的60天内向法院提出申诉。

3. 提出申诉、抗诉的人由于正当原因迟误了提出申诉的期限时,只有在迟误原因发生在法院裁判生效之日起的12个月内,或者提起申诉的是法院裁判涉及其权利和义务而又未参加行政案件的人,而该人知悉或者应该知悉其权利、自由和合法利益受到法院裁判侵害之日起的12个月内时,才可以根据申诉人的申请,由申诉审法院恢复该期限。

4. 要求恢复提交申诉状、抗诉书期限的申请,由申诉审法院依照本法典第95条规定的程序审理。

5. 俄罗斯联邦最高法院院长、俄罗斯联邦最高法院副院长有权不同意俄罗斯联邦最高法院法官关于恢复迟误的提交申诉状、抗诉书的期限的裁定或者驳回恢复期限申请的裁定,而作出驳回恢复迟误的提交申诉状、抗诉书的期限的裁定或者恢复上述期限的裁定。

6. 如果检察长参加了行政案件的审理,则下列人员有权提出抗诉,要求对已经生效的法院裁决进行重审:

(1)俄罗斯联邦总检察长和副总检察长可以向任何申诉审法院提出抗诉;

(2)共和国、边疆区、州、联邦直辖市、自治州、自治专区、军区(舰队)的检察长,分别向共和国最高法院主席团以及边疆区法院、州法院、联邦直辖市法院、自治州法院、自治专区法院、军区(舰队)军事法院的主席团提出抗诉。

第319条 提交申诉状、抗诉书的程序

1. 申诉状、抗诉书直接向申诉审法院提交。

2. 下列申诉状、抗诉书的提交办法是:

(1)对已经生效的法院支付令,对和解法官的裁定,对已经生效的区法院的判决和裁定,对共和国最高法院、边疆区法院、州法院、联邦直辖市法院、自治州法院、自治专区法院的上诉裁定提出的申诉状或抗诉书,分别向共和国最高法院主席团以及边疆区法院、州法院、联邦直辖市法院、自治州法院的主席团提交;

(2)对已经发生法律效力的卫戍区军事法院的判决和裁定的申诉状和抗诉书,对军区(舰队)军事法院的上诉裁定的申诉状和抗诉书,向军区(舰队)军事法院的主席团提交;

(3)对区法院作为第一审法院作出的判决和裁定,如果是向共和国最高法院、边疆区法院、州法院、联邦直辖市法院、自治州法院、自治专区法院的主席团提出申诉、抗诉的;对共和国最高法院、边疆区法院、州法院、联邦直辖市法院、自治州法院、自治专区法院的上诉裁定,包括上诉审法院维持第一审法院判决不变,但提出新

的理由去论证申诉人所不同意的第一审法院判决;以及对共和国最高法院、边疆区法院、州法院、联邦直辖市法院、自治州法院、自治专区法院主席团的裁决,申诉状、抗诉书应向俄罗斯联邦最高法院行政审判庭提交;

(4)对卫成区军事法院已经生效的判决和裁定,如果是向军区(舰队)军事法院主席团提出申诉、抗诉的;对军区(舰队)军事法院主席团的上诉裁定提出的申诉和抗诉的,申诉状、抗诉书应向俄罗斯联邦最高法院军事审判庭提交。

3.申诉状、抗诉书和所附具的文件可以通过填写法院官方网站上的电子表格的方式提交。

(本款自2016年9月15日生效——2015年3月8日第22号联邦法律规定)

第320条 申诉状、抗诉书的内容

1.申诉状、抗诉书应该包含下列内容:

(1)接受申诉状、抗诉书的法院的名称;

(2)申诉人、抗诉人的名称或姓名及其所在地或住所地,在行政案件中的诉讼地位;

(3)案件其他参加人的名称及其所在地或住所地;

(4)通过第一审、上诉审或申诉审审理行政案件的法院,关于它们所作出判决内容的信息材料;

(5)被申诉、抗诉的法院裁判;

(6)指出法院违反实体法规范或程序法规范,从而影响行政案件结局,并说明为什么认为法院违反了法律规范;

(7)申诉人、抗诉人的请求。

2.如果申诉人没有参加行政案件,则申诉状应该指出,该人的

哪些权利、自由和合法利益因已经生效的法院裁判而受到侵害。

3. 如果曾向申诉审法院提交过申诉状、抗诉书,则应指出对该申诉、抗诉所作的裁定。

4. 申诉状应该由申诉人或其代理人签字。由其代理人签字时,应该附具证明代理人权限的文件和本法典第55条第3款规定的其他文件。抗诉状应该由本法典第318条第1款所列检察长签字。

5. 申诉状、抗诉书应该附具经过相关法院认证的对行政案件所作法院裁判的复印件。

6. 申诉状、抗诉书应提交与案件参加人数量相同的份数。

7. 申诉状还应该附具证明在法律规定的情况下、依照法律规定的程序和数额已经缴纳国家规费的单证,或者附具证明优惠缴纳国家规费权利的文件,或者在申诉状中提出关于延期或分期缴纳国家规费、减少或免除国家规费的申请。

8. 延期或分期缴纳国家规费、减少或免除国家规费的问题,由申诉审法院解决,而不通知案件参加人到庭。

第321条 退回申诉状、抗诉书而不进行实体审理

1. 有下列情形之一的,申诉状、抗诉书予以退回,不进行实体审理:

(1) 申诉状、抗诉书不符合本法典第320条第1款第(1)项至第(5)项和第(7)项及第3款至第6款的要求;

(2) 申诉状、抗诉书是无权向申诉审法院提出请求的人提交的;

(3) 通过申诉程序对法院裁判提出申告的期限已经届满,而申诉状、抗诉书又没有申请恢复该期限或者有关申请被驳回的;

（4）已经收到要求退回或撤回申诉状、抗诉书的申请；

（5）申诉状、抗诉书的提交违反了本法典第319条规定的管辖规则；

（6）申诉未缴纳国家规费，而申诉状又没有申请延期或分期缴纳国家规费或申请减少或免除国家规费或有关申请被驳回。

2. 申诉审法院在收到申诉状、抗诉书之日起的10日内退回而不进行实体审理。

第322条　审理申诉、抗诉的期限

1. 在俄罗斯联邦最高法院以外的申诉审法院，如果不调取行政案卷，则申诉、抗诉应该在1个月的期限内审理；如果调取了案卷，则在2个月的期限内审理，自调取案卷之日至申诉审法院收到案卷之日的时间不计算在内。

2. 在俄罗斯联邦最高法院，如果不调取案卷，则申诉状、抗诉书应在2个月的期限内审理，如果调取了案卷，则在3个月的期限内审理，自调取案卷之日到俄罗斯联邦最高法院收到案卷之日的时间不计算在内。

3. 在调取案卷的情况下，俄罗斯联邦最高法院院长、副院长考虑到案件的复杂性，可以延长审理行政案件的期限，但延长的时间不得超过2个月。

4. 在竞选期间、全民公决准备期间直到投票日，在对选举委员会通过的规范性法律文件提出异议的行政案件或对实现俄罗斯联邦公民选举权和参加全民公决权利的规范性法律文件提出异议的行政案件中，如果上述规范性法律文件调整的是与竞选、全民公决准备有关的关系，以及在实现俄罗斯联邦公民选举权和参加全民公决权利的案件中，申诉状、抗诉书应在5日内审理。

第 323 条　申诉、抗诉的审理

1. 依照本法典第 318 条至第 320 条提交的申诉状、抗诉书应分别由下列法官审查：

（1）在共和国最高法院、边疆区法院、州法院、联邦直辖市法院、自治州法院、自治专区法院、军区（舰队）军事法院的主席团，分别由相关法院的院长或该法院的法官审查；

（2）在俄罗斯联邦最高法院行政审判庭、俄罗斯联邦最高法院军事审判庭，由俄罗斯联邦最高法院的法官审查。

2. 本条所列法官根据申诉状、抗诉书所附具的文件或者根据所调取的案卷审查申诉状、抗诉书。在调取案卷时，如果申诉状、抗诉书或其他申请书提出了申请，法官有权作出中止执行法院判决直至申诉审诉讼终结的裁定。

3. 根据对申诉状、抗诉书的审查结果，法官作出以下裁定之一：

（1）如果没有根据通过申诉程序对法院判决进行再审，法官应作出驳回将申诉状、抗诉书移送到申诉审法院审判庭审理的裁定。在这种情况下，申诉状、抗诉书以及被申诉人的法院裁判的复印件留在申诉审法院；

（2）将申诉状、抗诉书连同行政案卷移送到申诉审法院审判庭审理。

4. 俄罗斯联邦最高法院院长、副院长有权不同意俄罗斯联邦最高法院法官驳回将申诉状、抗诉书移送到申诉审法院审判庭审理的裁定，而作出撤销该裁定并将申诉状、抗诉书连同案卷一并移送到申诉审法院审判庭审理的裁定。

5. 向俄罗斯联邦最高法院行政审判庭、俄罗斯联邦最高法院

军事审判庭提交的对本法典第319条第2款第(3)项和第(4)项所列法院裁判提出的申诉状、抗诉书,在移送到申诉审法庭审理的情况下,应连同案卷一并分别移送到俄罗斯联邦最高法院行政审判庭和俄罗斯联邦最高法院军事审判庭。

第324条 驳回将申诉状、抗诉书移送到申诉审法庭审理

1.法官根据对申诉状、抗诉书的审查结果,如果认定不存在本法典第322条规定的根据,则应作出驳回将申诉状、抗诉书移送到申诉审法庭审理的裁定。

2.裁定应该包括以下内容:

(1)作出裁定的日期和地点;

(2)作出裁定的法官的姓名;

(3)申诉人、抗诉人的名称或姓名;

(4)被提出申诉、抗诉的法院裁判;

(5)驳回将申诉状、抗诉书移送到申诉审法庭审理的理由。

第325条 法官关于将申诉状、抗诉书连同行政案卷移送到申诉审法院审判庭审理的裁定

1.法官关于将申诉状、抗诉书连同行政案卷移送到申诉审法院审判庭审理的裁定应该包括以下内容:

(1)作出裁定的日期和地点;

(2)作出裁定的法官的姓名;

(3)接受行政案件进行法庭审理的申诉审法院的名称,以及本法典第127条第2款规定的信息材料;

(4)申诉人、抗诉人的名称或姓名;

(5)被申诉、抗诉的法院裁判;

(6)叙述法院裁判有关的行政案件的内容;

（7）阐述将申诉状、抗诉书连同行政案卷移送到申诉审法院审判庭审理的理由；

（8）作出裁定的法官的建议。

2．申诉审法院应在法官作出关于将申诉状、抗诉书连同行政案卷移送到申诉审法院审判庭审理的裁定之日起的 1 个月期限内审理，而在俄罗斯联邦最高法院，则应在法官作出关于将申诉状、抗诉书连同行政案卷移送到申诉审法院审判庭审理的裁定之日起的 2 个月期限内审理。

第 326 条　将申诉审法院审理案件的事宜通知案件参加人

1．申诉审法院应将申诉状、抗诉书连同行政案卷移送到申诉审法院审判庭审理的裁定书的副本，申诉状、抗诉书的副本送达案件参加人。申诉审法院应保证根据案件参加人到庭的可能性来指定申诉审法院开庭审理申诉状、抗诉书连同行政案卷的时间。

2．应将审理申诉状、抗诉书连同行政案卷的时间和地点依照本法典第九章的规则通知案件参加人。案件参加人已经收到通知而不到庭的，不妨碍申诉状、抗诉书的审理。

第 327 条　申诉状、抗诉书连同行政案卷在申诉审法院的审理程序

1．申诉状、抗诉书连同行政案卷在有关申诉审法院主席团进行审理时，由法院院长、副院长或者根据他们的委托由一名主席团其他成员或者该法院以前没有参加过该行政案件审理的法官报告案情。

2．在俄罗斯联邦最高法院行政审判庭、俄罗斯联邦最高法院军事审判庭，由一名现在参加该行政案件审理的法官对申诉状、抗诉书连同行政案卷进行报告。

3.如果被申诉的法院裁判直接涉及案件参加人及其代理人、申诉人的权利、自由和合法利益,则上述人应参加庭审。

4.如果检察长是参加案件审理的人,则下列检察长应该出庭:

(1)共和国、边疆区、州、联邦直辖市、自治州、自治专区、军区(舰队)的检察长或副检察长,参加共和国最高法院、边疆区法院、州法院、联邦直辖市法院、自治州法院、自治专区法院、军区(舰队)军事法院的主席团进行申诉审的审理;

(2)俄罗斯联邦检察院的公职人员根据俄罗斯联邦总检察长的委托,参加俄罗斯联邦最高法院行政审判庭、俄罗斯联邦最高法院军事审判庭进行申诉审的审理。

5.在报告行政案件时,应叙述案情,对行政案件所作出的法院裁判的内容及申诉状、抗诉书提出的据以将申诉状、抗诉书连同行政案卷移送申诉审法院开庭审理的理由。

6.本条第3款和第4款所列人员,如果到庭,则有权对行政案件作出解释。第一个进行解释的是申诉人或抗诉人。

7.在审理申诉状、抗诉书连同行政案卷时,所有的问题均由申诉审法院根据参加行政案件审理的法官的多数票决定。如果赞成对行政案件进行重审的法官与反对重审的法官人数相等,则认为申诉、抗诉被驳回。

8.行政案件的审理结果要当庭宣布。申诉审法院的裁决或裁定应通知案件参加人。

第328条 通过申诉程序撤销或变更法院裁判的根据

通过申诉程序撤销或变更法院裁判的根据是对实体法规范或程序法规范的严重违反,从而影响了行政案件的结局,而不排除这些违反就不可能恢复和维护权利、自由和合法利益以及维护受法律保护的公共利益。

第329条 申诉审法院的权限

1. 申诉审法院在对申诉状、抗诉书进行审理后,有权:

(1) 维持第一审、上诉审或申诉审法院的裁判,驳回申诉、抗诉;

(2) 完全或部分撤销第一审法院、上诉审法院的裁判,将案件发还有关法院重新审理,重新审理时法庭组成人员必须变更;

(3) 完全或部分撤销第一审法院、上诉审法院的法院裁判,对申请不予审理或者终止行政诉讼;

(4) 维护对行政案件所作的法院裁判的效力;

(5) 如果是在实体法规范的解释和适用上有错误,则撤销或变更第一审法院、上诉审法院的法院裁判,并作出新的法院裁判,而不将行政案件发还重新审理;

(6) 在具有本法典第321条第1款规定的根据时,对申诉、抗诉不予实体审理。

2. 在通过申诉程序审理行政案件时,申诉审法院在申诉状、抗诉状所列理由的范围内审查审理行政案件的各级法院对实体法规范和诉讼法规范的适用和解释是否正确。在涉及不定范围人群利益的行政案件中,以及在涉及本法典第二十八章至第三十一章所列自然人利益的行政案件中,申诉审法院有权超出法院申诉状、抗诉书所列理由的范围。但是,申诉审法院无权审查未被提出申诉、抗诉的部分法院裁判的合法性或者未被提出申诉、抗诉的法院裁判的合法性。

3. 如果案情未被第一审法院或上诉审法院确定或被第一审法院或上诉审法院推翻,则申诉审法院无权确定认为这些案情或者认为这些案情已经被证据所证明,也无权决定某一证据可靠或不可靠或者一些证据优越于另一些证据,以及确定在重新审理行政案件时应该作出什么样的法院裁判。

4.上级法院关于法律解释的指示对再审行政案件的法院具有强制力。

第330条 申诉审法院的裁判

1.根据对申诉状、抗诉书连同行政案卷的审理结果,申诉审法院主席团作出裁决,而俄罗斯联邦最高法院行政审判庭和俄罗斯联邦最高法院军事审判庭应作出裁定。

2.申诉审法院的裁判应该指出:

(1)作出裁决或裁定的法院的名称;

(2)作出法院裁判的日期和地点;

(3)法院裁判的行政案件;

(4)提出要求通过申诉审对行政案件进行再审的申诉状、抗诉书的人的名称或姓名;

(5)作出关于将申诉状、抗诉书连同行政案卷一并移送到申诉审法院审判庭审理的裁定的法院的名称;

(6)被提出申诉、抗诉的法院裁判的内容;

(7)根据申诉状、抗诉书审理结果得出的结论;

(8)法院得出结论的理由、援引法院所遵循的法律。

3.有关法院主席团的裁决应由审判长签字,而审判庭的裁定应由通过申诉程序审理行政案件的法官签字。

第331条 申诉审法院裁判的生效

申诉审法院的裁判自其作出之日起生效。

第三十六章 监督审法院的诉讼程序

第332条 通过监督程序对法院裁决进行再审

1. 本条第2款所列已经生效的法院裁判,可以通过监督程序由俄罗斯联邦最高法院主席团根据案件参加人或其权利、自由和合法利益因法院裁判受到侵害的其他人的申诉进行再审。

2. 对下列法院裁判可以向俄罗斯联邦最高法院主席团提出申诉:

(1)如果共和国最高法院、边疆区法院、州法院、联邦直辖市法院、自治州法院、自治专区法院作为第一审法院作出的已经发生法律效力的判决是俄罗斯联邦最高法院上诉审理的对象,可以对上述判决提出申诉;

(2)如果军区(舰队)军事法院作为第一审法院作出的已经发生法律效力的判决是俄罗斯联邦最高法院上诉审理的对象,可以对上述判决提出申诉;

(3)如果俄罗斯联邦最高法院审判庭作为第一审法院所作出的已经发生法律效力的判决和裁定是上诉审理的对象,可以对上述判决的裁定提出申诉;

(4)俄罗斯联邦最高法院上诉庭的裁定;

(5)俄罗斯联邦最高法院行政审判庭、俄罗斯联邦最高法院军事审判庭通过上诉程序作出的裁定;

（6）俄罗斯联邦最高法院行政审判庭和俄罗斯联邦最高法院军事审判庭通过申诉程序作出的裁定。

3. 如果检察长参加了行政案件的审理,则俄罗斯联邦总检察长、副总检察长有权向俄罗斯联邦最高法院主席团提出抗诉,要求对本条第2款所列法院裁判进行再审。

第333条 提交监督审申诉状、抗诉书的程序和期限

1. 监督审申诉状、抗诉书直接向俄罗斯联邦最高法院提交。

2. 对本法典第332条第2款所列法院裁判,在其生效之日起的3个月内可以通过监督程序提出申诉、抗诉。

3. 提出申诉、抗诉的人由于正当原因迟误了提出申诉、抗诉的期限时,包括因为没有关于被申诉的法院裁判的信息材料而迟误的,只有在迟误原因发生在法院裁判生效之日起的12个月内,或者申请恢复期限的人没有参加行政案件的审理,而法院作出的裁判涉及该人的利益,自该人知悉或应该知悉自己的权利、自由和合法利益因被申诉的法院裁判受到侵害之日起的12个月内提出恢复迟误期限的申请时,提交申诉状、抗诉书的期限才能根据该人的申请予以恢复。

4. 关于恢复迟误提交申诉状、抗诉书期限的申请由监督审法院按照本法典第95条规定的程序审理。

5. 俄罗斯联邦最高法院院长、俄罗斯联邦最高法院副院长有权不同意俄罗斯联邦最高法院法官作出的关于恢复迟误提交申诉状、抗诉书的期限的裁定或者驳回恢复请求的裁定,而作出驳回恢复迟误期限的裁定或恢复迟误期限的裁定。

第334条 申诉状、抗诉书的内容

1. 申诉状、抗诉书应该包括以下内容:

（1）接受申诉状、抗诉书的法院的名称；

（2）申诉人、抗诉人的名称或姓名及其所在地或住所地，以及其在行政案件中的法律地位；

（3）案件其他参加人的名称及其住所地或所在地；

（4）审理案件的第一审法院、上诉审法院、申诉审法院以及上述法院所作法院裁判的信息材料；

（5）被申诉的法院裁判；

（6）通过监督程序对法院裁判进行再审的根据，并列举证明存在这些根据的理由。如果申诉状、抗诉书提出法院裁判违反了审判实践一致原则，则还应该举出证明这些理由的例子。

（7）申诉人、抗诉人的请求。

2. 如果申诉人未参加行政案件，则申诉状应该指出他的哪些权利、自由和合法利益因生效的法院裁判而受到侵害。

3. 申诉状应该由申诉人或其代理人签字。由代理人提交申诉状时，应该附具证明代理人权限的文件，以及本法典第55条第3款规定的其他文件。抗诉书应该由俄罗斯联邦总检察长或副总检察长签字。

4. 申诉状、抗诉书应该附具经过有关法院认证的对行政案件作出的法院裁判的复印件。

5. 申诉状应该附具证明在法定情况下已经按照法定程序和数额缴纳国家规费的单证或者证明拥有减少、免除国家规费权利的文件，或者在申诉状中提出要求延期或分期缴纳国家规费、减少或免除国家规费的申请。

6. 延期、分期缴纳国家规费或减少、免除国家规费的问题，由监督审法院解决，不通知案件参加人。

第335条 退回申诉状、抗诉书而不予实体审理

1. 有下列情形之一的,申诉状、抗诉书不进行实体审理而予以退回:

(1)申诉状、抗诉书不符合本法典第334条第1款第(1)项至第(5)项和第(7)项、第3款至第5款的要求;

(2)提交上诉状、抗诉书的人无权向监督审法院提出请求;

(3)通过监督程序对法院裁判提出申诉的期限届满,而申诉状、抗诉书未申请恢复该期限或者恢复申请被驳回;

(4)法院收到要求退回或撤回申诉状、抗诉书的申请;

(5)申诉状、抗诉书的提交违反了本法典第332条第2款规定的管辖规则。

(6)提交申诉状没有缴纳国家规费,或者申诉状里没有申请延期或分期缴纳国家规费、减少或免除国家规费,或者上述申请被驳回。

2. 申诉状、抗诉书应在监督审法院收到之日起的10日内予以退还而不进行实体审理。

第336条 申诉、抗诉的审理期限

1. 在俄罗斯联邦最高法院,如果不调取行政案卷,则监督审的申诉状、抗诉书应在2个月的期限内审理;如果调取行政案卷,则应该在3个月内审理,自调取行政案卷到俄罗斯联邦最高法院收到案卷的时间不计算在内。

2. 在调取行政案卷的情况下,俄罗斯联邦最高法院院长、副院长考虑到案件的复杂性,可以延长审理申诉、抗诉的时间,但延长的时间不得超过2个月。

第337条 申诉、抗诉的审理

1. 对申诉状、抗诉书应该依照本法典第332条至第334条的

规则,由俄罗斯联邦最高法院的法官审查。

2. 俄罗斯联邦最高法院的法官根据申诉状、抗诉书、所附具的文件或者根据所调取的行政案卷对申诉状、抗诉书进行审查。在调取行政案卷的情况下,如果申诉状、抗诉书或申请书提出相关要求,则法官有权作出裁定,中止法院裁判的执行直至监督审诉讼终结。

3. 根据对申诉状、抗诉书的审查结果,法官作出以下裁定之一:

(1) 如果没有根据通过监督程序对案件进行再审,则作出驳回将申诉状、抗诉书移送到俄罗斯联邦最高法院主席团审判庭再审的请求,被申诉、抗诉的法院裁判的复印件留在监督审法院;

(2) 作出将申诉状、抗诉书连同行政案卷移送到俄罗斯联邦最高法院主席团审判庭进行再审的裁定。

4. 俄罗斯联邦最高法院院长、副院长有权不同意俄罗斯联邦最高法院法官关于驳回将申诉状、抗诉书移送到俄罗斯联邦最高法院主席团审判庭进行再审的裁定,并作出撤销该裁定和将申诉状、抗诉书连同案卷一并移送到俄罗斯联邦最高法院主席团审判庭进行再审的裁定。

第338条 驳回将申诉状、抗诉书移送到俄罗斯联邦最高法院主席团审判庭进行再审的裁定

关于驳回将申诉状、抗诉书移送到俄罗斯联邦最高法院主席团审判庭进行再审的裁定,应该包括以下内容:

(1) 作出裁定的日期和地点;

(2) 作出裁定的法官姓名;

(3) 提出申诉、抗诉的人的名称或姓名;

（4）被申诉、抗诉的法院裁判；

（5）驳回将申诉状、抗诉书移送到俄罗斯联邦最高法院主席团审判庭进行再审的理由。

第339条 将申诉状、抗诉书连同行政案卷移送到俄罗斯联邦最高法院主席团审判庭进行再审的裁定

1. 关于将申诉状、抗诉书连同行政案卷移送到俄罗斯联邦最高法院主席团审判庭进行再审的裁定应该包含以下内容：

（1）作出裁定的日期和地点；

（2）作出裁定的法官姓名；

（3）提出申诉、抗诉的人的名称或姓名；

（4）被申诉、抗诉的法院裁判；

（5）叙述作出法院裁判的行政案件的案情；

（6）说明将申诉状、抗诉书连同行政案卷移送到俄罗斯联邦最高法院主席团审判庭进行再审的理由；

（7）作出裁定的法院的建议；

（8）本法典第127条第2款所列其他文件；

2. 俄罗斯联邦最高法院的法官应将他所作出的裁定连同申诉状、抗诉书和行政案卷一并送交俄罗斯联邦最高法院主席团。

第340条 俄罗斯联邦最高法院主席团审理申诉状、抗诉书连同行政案卷的程序和期限

1. 俄罗斯联邦最高法院主席团根据俄罗斯联邦最高法院法官关于将申诉状、抗诉书连同行政案卷移送到俄罗斯联邦最高法院主席团审判庭进行再审的裁定受理行政案件。

2. 俄罗斯联邦最高法院主席团将关于将申诉状、抗诉书连同行政案卷移送到俄罗斯联邦最高法院主席团审判庭进行再审的裁

定书的副本以及申诉状、抗诉书的副本送交案件参加人；

3. 应按照本法典第九章的规则将俄罗斯联邦最高法院主席团审理行政案件的时间和地点通知案件参加人。已经收到关于俄罗斯联邦最高法院主席团审理行政案件的时间和地点通知的案件参加人不到庭的，不妨碍通过监督程序对行政案件进行审理。

4. 作出将申诉状、抗诉书连同行政案卷移送到俄罗斯联邦最高法院主席团审判庭进行再审裁定的俄罗斯联邦最高法院院长、副院长，不得参加俄罗斯联邦最高法院主席团对该申诉状、抗诉书连同行政案卷的审理。

5. 俄罗斯联邦最高法院主席团应在俄罗斯联邦最高法院法官作出裁定之日起的 2 个月内对该申诉状、抗诉书连同行政案卷进行审理。

6. 案件参加人及其代理人、申诉人、抗诉人以及被申诉、抗诉的法院裁判直接涉及其利益的其他人，可以出庭。

7. 如果检察长是案件参加人，则在俄罗斯联邦最高法院主席团审理案件时，由俄罗斯联邦总检察长、副总检察长出庭。

8. 俄罗斯联邦最高法院主席团通过监督程序审理案件时，由俄罗斯联邦最高法院的法官报告申诉状、抗诉书及行政案件情况。

9. 俄罗斯联邦最高法院的法官报告行政案件的案情，对行政案件所作出的法院裁判的内容，将申诉状、抗诉书连同行政案卷一并移送俄罗斯联邦最高法院主席团审判庭审理的根据。

10. 本条第 6 款所列人员，如果出庭，有权对行政案件作出解释。第一个作出解释的是申诉人、抗诉人。

11. 根据对申诉状、抗诉书连同行政案件的审理结果，俄罗斯联邦最高法院主席团作出裁决。

12. 在通过监督程序审理申诉、抗诉连同行政案件时,所有的问题都按参加行政案件审理的俄罗斯联邦主席团成员的多数票决定。赞成再审的票和反对再审的票相等时,申诉状、抗诉书视为被驳回。

13. 俄罗斯联邦最高法院主席团作出的裁决,应通知案件参加人。

第341条 通过监督程序撤销或变更法院裁判的根据

如果在通过监督程序审理行政案件时俄罗斯联邦最高法院主席团确定有关法院裁判存在下列情形之一,本法典第332条所列法院裁判应该予以撤销或变更:

(1)《俄罗斯联邦宪法》、公认的国际法原则和准则以及俄罗斯联邦的国际条约保障的人和公民的权利和自由受到了侵害;

(2)不定范围人群的权利和自由以及其他公共利益受到了侵害;

(3)违反了法律规范解释和适用的一致性。

第342条 俄罗斯联邦最高法院主席团通过监督程序对法院裁判进行再审的权限

1. 俄罗斯联邦最高法院主席团在对申诉状、抗诉书连同行政案卷进行审理后,有权:

(1)维持第一审、上诉审、申诉审法院的裁判,驳回申诉、抗诉;

(2)完全或部分撤销第一审、上诉审、申诉审法院的裁判,将案件发还有关法院重新审理。在将行政案件发还重审时,俄罗斯联邦最高法院主席团可以指出再审案件的法庭组成人员必须变更。

(3)完全或部分撤销第一审、上诉审、申诉审法院的裁判,对请求不予审理或终止行政诉讼。

（4）维持对行政案件所作法院裁判的效力。

（5）如果在实体法的适用和解释上发生错误，则撤销或变更第一审、上诉审、申诉审法院的裁判，并作出新的法院判决，而不将行政案件发还进行重新审理；

（6）如果存在本法典第335条规定的根据，则对申诉、抗诉不予审理。

2. 俄罗斯联邦最高法院主席团在通过监督程序审理行政案件时，应在申诉状、抗诉书所提出理由的限度内，审查行政案件原审法院对实体法规范或程序法规范的适用和解释是否正确。为了维护法制，俄罗斯联邦最高法院主席团有权超出申诉状、抗诉书所提出的理由。在这种情况下，俄罗斯联邦最高法院主席团无权审理未被提出申诉、抗诉的法院裁判相关部分的合法性，也不得审查未被提出申诉、抗诉的法院裁判的合法性。

3. 俄罗斯联邦最高法院主席团在通过监督程序审理行政案件时，无权确定或认为第一审法院、上诉审法院、申诉审法院未确定的或推翻的证据或认为证据已经得到证明，预断某一证据真实可靠或不真实可靠、一些证据优越于另一些证据，无权决定在重新审理行政案件后应该作出何种法院裁判。

4. 俄罗斯联邦最高法院主席团的裁决由俄罗斯联邦通过监督程序审理行政案件的审判长签字。

5. 俄罗斯联邦最高法院主席团关于法律解释的指示对再审行政案件的法院具有约束力。

第343条　俄罗斯联邦最高法院主席团裁决的内容

俄罗斯联邦最高法院主席团的裁决应该指出：

(1) 作出裁决的法院的名称和法庭组成人员；

(2) 作出裁决的日期和地点；

(3) 作出裁决的行政案件；

(4) 申诉人、抗诉人的名称或姓名；

(5) 作出将申诉状、抗诉书连同行政案卷移送到俄罗斯联邦最高法院主席团审判庭进行再审的裁定的法官姓名；

(6) 被申诉、抗诉的法院裁判的内容；

(7) 俄罗斯联邦最高法院主席团根据对申诉、抗诉的审理结果得出的结论；

(8) 俄罗斯联邦最高法院主席团作出结论的理由、援引所遵循的法律。

第 344 条　俄罗斯联邦最高法院主席团裁决的生效

俄罗斯联邦最高法院主席团的裁决自作出之日起生效，不得再提出申诉。

第三十七章 根据新的情况和新发现的情况对已经生效的法院裁判的再审程序

第345条 根据新的情况或新发现的情况对法院裁判进行再审的法院

1. 根据新的情况和新发现的情况可以由原判法院对已经生效的法院裁判进行再审。

2. 如果上诉审、申诉审或监督审的法院的裁判变更了原法院裁判并作出新的法院裁判,则由作出变更原裁判和作出新裁判的法院根据新的情况和新发现的情况对行政案件进行再审。

3. 如果已经生效的法院刑事判决确认法官由于实施犯罪而作出了非法的和(或)没有根据的法院裁判,则由该法官作出判决时所在的法院根据新的情况和新发现的情况对行政案件进行再审。

第346条 提交根据新的情况和新发现的情况对法院裁判进行再审的申请书、抗诉书的程序

1. 根据新的情况和新发现的情况对已经生效的法院裁判进行再审的申请书、抗诉书应该由案件参加人以及未被吸收参加行政案件而法院解决其权利义务的其他人在作为法院裁判再审根据的新情况或新发现的情况出现或发现之日起的3个月内提交。

2. 本条第1款所规定的要求根据新的情况和新发现的情况对已经生效的法院裁判进行再审的申请书、抗诉书的提交期限按下列办法计算：

（1）在本法典第350条第2款第(1)项规定的情况下，自发现对行政案件有重大意义的情况之日起计算；

（2）在本法典第350条第2款第(2)项和第(3)项规定的情况下，自刑事判决生效之日起计算；

（3）在本法典第350条第1款第(1)项规定的情况下，自撤销原法院裁判或撤销据以作出所审理法院裁判的国家权力机关、其他国家机关、地方自治机关决议之日起计算；

（4）在本法典第350条第1款第(2)项规定的情况下，自法院裁判生效之日起计算；

（5）在本法典第350条第1款第(3)项规定的情况下，自俄罗斯联邦宪法法院相关判决生效之日起计算；

（6）在本法典第350条第1款第(4)项规定的情况下，自欧洲人权法院有关判决生效之日起计算；

（7）在本法典第350条第1款第(5)项规定的情况下，自俄罗斯联邦最高法院主席团裁决生效之日起计算或自俄罗斯联邦最高法院主席团裁决公布之日起计算。如果本法典第350条第1款第(5)项规定的情况在通过监督审对申诉状、抗诉书进行再审时才发现，则提交申诉书、抗诉书的3个月期限自收到俄罗斯联邦最高法院主席团关于驳回将案件移送审理的裁定之日起计算。

（8）在本法典第350条第1款第(6)项规定的情况下，自俄罗斯联邦最高法院、普通法院认定规范性法律文件无效的判决生效之日起计算。

3. 本条第一款所规定期限迟误时，只要申请恢复该期限，则不是拒绝受理要求根据新的情况和新发现的情况对已经生效的法院裁判进行再审的申请书、抗诉书的根据。在预备庭或审判庭确定迟误期限的原因，如果确定迟误的理由不正当，则法院不对已经生效的法院裁判进行再审。

4. 如果要求根据新的情况和新发现的情况对已经生效的法院裁判进行再审的申请书的提交不迟于新的情况出现或发现之日起的 6 个月，而法院又认为迟误的原因是正当的，则提交申请书的期限可以由法院恢复。要求恢复根据新的情况和新发现的情况对已经生效的法院裁判进行再审的申请书提交期限的申请，由法院按照本法典第 95 条规定的程序审理。

5. 在本法典第 350 条第 1 款第（5）项规定的情况下，如果已经不再可能向上诉审或申诉审法院提出请求，则要求根据新的情况和新发现的情况对已经生效的法院裁判进行再审的申请书、抗诉书可以在本法典规定的期限内提交，但不得迟于对案件进行实体审理所作出的最后法院裁判生效之日起的 6 个月。

第 347 条　根据新的情况和新发现的情况对已经生效的法院裁判进行再审的申诉书、抗诉书的格式和内容

1. 根据新的情况和新发现的情况对已经生效的法院裁判进行再审的申诉状、抗诉书应该用书面形式提交法院。申诉状应该由申请人签字，抗诉书应该由被授权签字的人签字。

2. 申请根据新的情况和新发现的情况对已经生效的法院裁判进行再审的申请书、抗诉书应该指出：

（1）接受申请书、抗诉书的法院的名称；

（2）申请人的名称或姓名及其所在地或住所地、电话号码和

电子邮件地址(如果有的话);

(3)案件参加人的名称或姓名及其所在地或住所地,及关于他们的其他信息材料;

(4)作出申请人要求再审的裁判的法院的名称、行政案件的编号、作出法院裁判的日期、行政案件的标的;

(5)过去或现在可能影响作出法院裁判的情况;

(6)证明新的情况或新发现的情况的证据;

(7)申请人请求的内容;

(8)所附具的文件;

(9)其他信息材料,包括案件参加人的电话号码、电子邮件地址。

3.根据新的情况和新发现的情况对已经生效的法院裁判进行再审的申请书、抗诉书应该附具:

(1)被申请再审的法院裁判的复印件;

(2)证明新的情况或新发现情况的文件的复印件;

(3)证明向案件其他参加人送交申请书和他们所没有的文件的复印件的文书,而在未送交这些材料时,应按案件其他参加人的人数提交申请书和有关文件的复印件;

(4)如果申请书是由代理人提交的,还应提交证明申请书签字人以及本法典第55条第3款所列其他文件签字人权限的文件。

4.根据新的情况和新发现的情况对已经生效的法院裁判进行再审的申请书、抗诉书和所附具的文件也可以通过在法院官方网站上填写电子表格的方式提交。

(本款自2016年9月15日生效——2015年3月8日第22号联邦法律规定)

第348条　根据新的情况或新发现的情况对已经生效的法院裁判进行再审的申请书、抗诉书的受理

1. 根据新的情况和新发现的情况对法院裁判进行再审的申请书、抗诉书的受理问题，在法院收到后的5日内由法官独任解决。

2. 如果根据新的情况和新发现的情况对法院裁判进行再审的申请书、抗诉书符合本法典第347条的要求，并且提交也遵守了本章的其他规则，则法院作出受理申请、抗诉的裁定。

3. 裁定应该指出本法典第127条第2款规定的信息材料。裁定书的副本最迟应在裁定作出之日后的第一个工作日发给案件参加人。如果申诉状、抗诉书和所附具文件的复印件没有由申请人送交，则在送交裁定书副本时一同送交给案件参加人。

4. 如果根据新的情况和新发现的情况对法院裁判进行再审的申请书、抗诉书不符合本法典第347条的要求，则法院退回申请书、抗诉书。

5. 关于退回根据新的情况和新发现的情况对法院裁判进行再审的申请书、抗诉书的事宜，应作出说明理由的裁定，裁定书的副本连同申请书、抗诉书和所附具的文件最迟应在作出裁定之日后的第一个工作日送交申请人。

6. 对退回根据新的情况和新发现的情况对法院裁判进行再审的申请书、抗诉书的裁定，可以提出申诉。

第349条　根据新的情况或新发现的情况对法院裁判进行再审的申请书、抗诉书的审理

1. 根据新的情况和新发现的情况对已经生效的法院裁判进行再审的申请书、抗诉书，在法院收到申请书、抗诉书之日起的1个月期限内开庭审理。如果需要调取行政案卷，本条所规定的期限自法院收到案卷之日起计算。

2．应将开庭的时间和地点通知申请人和案件其他参加人。上述人收到通知而不到庭的，不妨碍申请书、抗诉书的审理。

第350条　根据新的情况或新发现的情况对法院裁判进行再审的根据

1．根据新的情况对法院裁判进行再审的根据是在法院裁判作出后发生的并对正确审理和解决行政案件具有重大意义的下列情况：

（1）普通法院或仲裁法院的裁判或国家权力机关、其他国家机关、地方自治机关的决议被撤销，而该决议原来是对该行政案件作出法院裁判的根据；

（2）已经生效的普通法院或仲裁法院的裁判认定法律行为无效，而该法律行为致使对该行政案件作出非法的没有根据的法院裁判；

（3）申请人就法院判决所适用的法律向俄罗斯联邦宪法法院提出请求，而俄罗斯联邦宪法法院认定该法律不符合俄罗斯联邦宪法；

（4）申请人就具体案件判决向欧洲人权法院提出请求，而欧洲人权法院确认法院在审理具体案件时违反了《人权和基本自由公约》；

（5）如果俄罗斯联邦最高法院相应裁判指出可以由于该情况而对已经生效的法院裁判进行再审，俄罗斯联邦最高法院全体会议的裁决或俄罗斯联邦最高法院主席团的裁决确定或变更具体案件中适用法律规范的实践；

（6）法院在具体案件中适用规范性法律文件并作出判决，申请人对该规范性法律文件提出异议,而俄罗斯联邦最高法院、普通法院认定该规范性法律文件自通过之日起无效。

2. 根据新发现的情况对法院裁判进行再审的根据是截至法院裁判作出之日存在的、对行政案件具有重大意义的下列情况:

(1) 申请人原来不知悉也不可能知悉对行政案件具有重大意义的情况;

(2) 已经生效的法院刑事判决确认故意提供虚假鉴定结论、证人故意提供虚假证言、翻译人员故意作不正确的翻译、伪造证据,从而导致法院对该行政案件作出非法的没有根据的裁判;

(3) 已经生效的法院刑事判决确认案件参加人及其代理人的犯罪行为或者法官在审理该行政案件时实施了犯罪行为。

第 351 条　法院根据新的情况或新发现的情况对法院裁判进行再审的申请书、抗诉书的审理结果所作出的法院裁判

1. 根据新的情况或新发现的情况对已经生效的判决、裁定、裁决进行再审的申请书、抗诉书的审理结果,法院可以:

(1) 驳回申请书、抗诉书。在这种情况下法院作出裁定,裁定书的副本最迟在作出之日后的第一个工作日送给案件参加人;

(2) 满足根据新的情况或新发现的情况对法院裁判进行再审的申请、抗诉,根据新的情况或新发现的情况撤销以前所作的法院裁判。在这种情况下,法院按照本法典对相应审级法院规定的格式作出法院裁判。

2. 对于根据新的情况或新发现的情况撤销法院裁判的判决、裁定、裁决和驳回根据新的情况或新发现的情况对法院裁判进行再审的申请、抗诉的裁定,可以提出申诉。

3. 如果满足申请、抗诉并根据新的情况或新发现的情况撤销原法院裁判,则行政案件的再审按照本法典对相应审级法院规定的规则进行。

4. 行政案件的再审可以在法院裁判撤销后直接在同一审判庭进行,如果案件参加人及其代理人已经到庭,也对同一审判庭对行政案件进行实体审理不提出异议。

第八编 与执行行政案件的法院裁判有关的并由法院解决的诉讼问题

第三十八章 与执行行政案件的法院裁判有关的并由法院解决的诉讼问题

第352条 法院裁判的执行程序

1. 除立即生效的情形外,法院裁判在生效之后依照本法典和调整执行程序问题的其他联邦法律规定的程序付诸执行。如果法院裁判规定了执行的方式和期限,则按照该方式和期限付诸执行。

2. 必要时,根据法院发出的执行令对法院裁判进行强制执行,但联邦法律有不同规定的除外。

3. 与法院裁判执行有关的问题,由法官独任解决,但本法典有不同规定的除外。

第353条 执行令的发出

1. 执行令由行政案件的第一审法院发出,而不论法院发出执行令所根据的是哪一审级的法院裁判。

2. 执行令在法院裁判生效后由法院发出,而法院裁判立即生效或由法院立即交付执行时,应在该法院裁判作出后或交付立即执行后立即发出执行令。

3. 执行令根据法院裁判的胜诉方的申请发出,或者根据他的申请由法院立即付诸执行。追索金钱作为预算收入(包括追索国家规费)的执行令,由法院发给作为债务人的单位或自然人的所在地或住所地的税务机关或其他被授权的机关。

4. 根据法院裁判胜诉人的申请,法院可以将执行令以电子文件的形式交付执行,电子文件上应按照俄罗斯联邦立法规定的程序由法官进行专业电子签名。

(本款自 2016 年 9 月 15 日生效——2015 年 3 月 8 日第 22 号联邦法律规定)

5. 如果法院裁判规定对俄罗斯联邦预算体系的资金进行追索,在根据追索人的申请发出执行令时,执行令应该附具经过法院按规定程序认证的发出执行令所依据的法院裁判的副本。执行令连同有关法院裁判的副本可以由法院以电子文件的形式交付执行,电子文件上应按照俄罗斯联邦立法规定的程序由法官进行专业电子签名。

(本款自 2016 年 9 月 15 日生效——2015 年 3 月 8 日第 22 号联邦法律规定)

6. 如果本条没有不同规定,根据每一个法院裁判发出一份执行令。

7. 如果一个法院裁判有几个原告胜诉,或者有几名被告败诉,或者执行令应该在几个不同地点执行,则法院根据追索人的申请发出几份执行令,并在每份执行令中准确地指出根据该执行令应该执行的法院裁判或某一部分法院裁判的执行地点。

8. 执行令的格式依照 2007 年 10 月 2 日第 229 号联邦法律《执行程序法》规定的要求通过填写执行令表格办理,表格由俄罗斯联邦政府规定。执行令由法官签字并加盖法院有国徽的印鉴。

9. 执行令也可以采用电子文件的方式,填写电子执行令表格,表格由俄罗斯联邦政府批准并有俄罗斯联邦政府的专业电子签名。

（本款自2016年9月15日生效——2015年3月8日第22号联邦法律规定）

10. 如果法院裁判规定追索俄罗斯联邦预算体系的资金，根据追索人的申请发出的或由追索人本人发出的执行令，应该附具经过法院按规定程序认证的据以发出执行令的法院裁判的副本，以及根据追索人的申请指出划入被追索款项的追索人银行账号。

10—1. 法院支付令按照本法典第128条规定的程序交付执行。

（本款由2016年4月5日第103号联邦法律增补）

11. 除立即执行的情况外，在法院裁判生效以前发出的执行令自始无效，应由作出裁判的法院予以撤销。

第354条　执行令或法院支付令副本的发出

（本条由2015年4月5日第104号联邦法律修订）

1. 如果执行令或法院支付令（以下称执行文件）遗失，则作出裁判的法院可以根据追索人、法警执行员或其他执行人员的申请发出执行文件副本。

（本款由2015年4月5日第104号联邦法律修订）

2. 要求发出执行文件副本的申请可以在将执行文件交付执行的期限届满之前提出，但执行文件是法警执行员或其他执行人员遗失而在上述期限届满之后追索人方才知悉的情形除外。在这种情况下，要求发出执行文件副本的申请可以在追索人得知执行文件遗失之日起的1个月内提出。

（本款由2015年4月5日第104号联邦法律修订）

3. 要求发出执行文件副本的申请应该附具证明已经按照联邦法律规定的程序和数额缴纳国家规费的单证，或者证明优惠缴纳国家规费的权利的文件，或者附具要求延期缴纳或分期缴纳国家规费、减少国家规费或免交国家规费的申请书,并同时提交有关根据。

（本款由 2015 年 4 月 5 日第 104 号联邦法律修订）

4. 要求发出执行文件副本的申请应该在法院收到申请之日起的 10 日内开庭审理。应将开庭的时间和地点通知案件参加人、法警执行员或其他执行人员。已经收到通知的上述人员不到庭的,不妨碍对申请的审理。

（本款由 2015 年 4 月 5 日第 104 号联邦法律修订）

5. 对法院发出执行文件副本或驳回申请的裁定,可以提出申诉。

（本款由 2015 年 4 月 5 日第 104 号联邦法律修订）

第 355 条　执行文件的说明

（本条由 2015 年 4 月 5 日第 104 号联邦法律修订）

1. 如果执行文件的要求不明确或者执行的方式和程序不明确,追索人、债务人、法警执行员均有权向作出裁判的法院提出请求,申请对执行文件、执行文件的执行方式和程序进行说明。

（本款由 2015 年 4 月 5 日第 104 号联邦法律修订）

2. 要求对执行文件进行说明的申请在法院收到申请之日起的 10 日内依照本法典第 185 条规定的程序开庭审理。

（本款由 2015 年 4 月 5 日第 104 号联邦法律修订）

第 356 条　执行文件交付执行的期限

（本条由 2015 年 4 月 5 日第 104 号联邦法律修订）

1. 执行文件可以在下列期限内交付执行:

（1）自法院裁判生效之日起的 3 个月内,或者应该立即执行的法院裁判作出之日起的下一个工作日,或者在延期执行法院裁判时规定的期限届满之前;

（2）在依照本法典第 357 条作出恢复迟误的执行文件交付执

行期限为申请之日起的3个月内。

（本款由2015年4月5日第104号联邦法律修订）

1—1. 法院支付令可以在发出之日起的3年内交付执行。

（本款由2015年4月5日第104号联邦法律增补）

2. 执行文件执行的期限因交付执行而中断，也因债务人对执行文件的部分执行而中断。

（本款由2015年4月5日第104号联邦法律修订）

3. 如果法院裁判的执行被延期或者中止，则执行文件交付执行的期限自法院裁判恢复执行时恢复计算。

（本款由2015年4月5日第104号联邦法律修订）

4. 在对执行文件分期执行时，执行文件交付执行的期限延长到分期执行的期限。

（本款由2015年4月5日第104号联邦法律修订）

5. 如果由于不可能执行而将执行文件退回追索人，则执行文件交付执行的期限重新计算。该期限自执行文件退回追索人之日起计算。

（本款由2015年4月5日第104号联邦法律修订）

第357条　迟误执行文件交付执行的期限的恢复

（本条由2015年4月5日第104号联邦法律修订）

1. 追索人如果迟误了执行文件交付执行的期限，联邦法律规定可以恢复该期限的，则可以向审理行政案件的第一审法院提出申请，要求恢复迟误的期限。

（本款由2015年4月5日第104号联邦法律修订）

1—1. 追索人如果迟误了将法院支付令提交执行的期限，可以向发出相应支付令的法院提出申请，要求恢复迟误了的期限。

（本款由 2015 年 4 月 5 日第 104 号联邦法律增补）

2. 要求恢复迟误的执行文件交付执行的期限的申请，依照本法典第 95 条规定的程序审理。

3. 根据对申请的审理结果作出裁定，裁定书的副本应发给追索人和债务人。

4. 对同意恢复迟误执行文件交付执行期限的裁定或驳回恢复迟误期限请求的裁定，可以提出申诉。

（本款由 2015 年 4 月 5 日第 104 号联邦法律修订）

第 358 条　法院裁判的延期执行或分期执行、变更法院裁判的执行方式和程序

1. 如果存在妨碍法院裁判执行的情况，根据追索人、债务人或法警执行员的申请，发出执行文件的法院有权规定延期或分期执行法院裁判、变更其执行方式和程序。

（本款由 2016 年 4 月 5 日第 103 号联邦法律修订）

2. 要求延期或分期执行法院裁判、变更其执行方式和程序的申请，在法院收到申请书之日起的 10 日内开庭审理，并通知追索人、债务人和法警执行员。上述人收到通知而不出庭的，不妨碍申请的审理。根据对申请的审理结果，法院作出裁定，裁定书的副本应在裁定作出之日后的第一个工作日发给追索人、债务人和法警执行员。

3. 对关于延期或分期执行法院裁判、变更其执行方式和程序的法院裁定或驳回要求延期或分期执行法院裁判、变更其执行方式和程序的申请的裁定，可以提出申诉。

第 359 条　执行程序的中止、终止和恢复

1. 在 2007 年 10 月 2 日第 229 号联邦法律《执行程序法》规定

的情况下，根据追索人、债务人、法警执行员的申请，法院可以中止或终止法警执行员提起的执行程序。

2. 中止或终止执行程序由发出执行令的法院进行，或者由法警执行员所在地的法院进行。

3. 要求中止或终止执行程序的申请由法院在10日内依照本法典第358条第2款规定的程序审理。

4. 对中止或终止执行程序的裁定或驳回要求中止或终止执行程序的申请的裁定，可以提出申诉。

5. 根据追索人、债务人、法警执行员的申请程序，在排除中止的根据后由中止执行程序的法院进行。关于恢复执行程序的事宜，法院应作出裁定。

第360条　对法警局公职人员的决定、行为（不作为）提出异议

对俄罗斯联邦首席法警、俄罗斯联邦主体首席法警、高级法警及其副职、法警执行员的决定、行为（不作为）可以依照本法典第二十二章规定的程序向法院提出异议。

（本条由2015年12月30日第425号联邦法律修订）

第361条　法院裁判反转执行

如果已经付诸执行的法院裁判被完全或部分撤销并作出新的法院裁判，完全或部分驳回行政诉讼请求，或者行政诉讼请求被搁置，或者案件的诉讼被终止，则原告应向被告返还原来按照被撤销的法院裁判或部分法院裁判而向其追索的全部财物。

第362条　法院裁判反转执行问题的解决

1. 关于法院裁判反转执行的问题，由作出撤销或变更原法院裁判的新裁判的法院解决。

2．如果撤销或变更原法院裁判的新法院裁判没有指出其反转执行，则被告有权向第一审法院提出相应的请求。

3．要求反转执行法院裁判的申请依照本法典第258条第2款规定的程序审理。

4．对关于反转执行的法院裁定或驳回反转执行申请的裁定，可以提出申诉。

5．第一审法院根据本条第2款所列机关、组织、公民（被告）的申请发出返还被追索的资金、财产或其价值的执行令。申请书应附具证明执行原法院裁判的文件。

第363条　法院解决执行过程中产生的其他问题的程序

1．在追索人放弃追索或者追索人与债务人订立和解协议时，申请由发出执行令的法院按照本法典第157条规定的程序在收到申请书之日起的10日内开庭审理，并通知案件参加人。

2．在被拍卖财产的购买人、追索人和债务人之间因返还该财产而产生的问题，以及没有参加该行政案件，但就被追索财产的归属而提出的申请，依照民事诉讼程序审理。

3．如果本章对法院审理执行过程中产生的问题或依法就由法院审理的问题未规定审理程序（包括延期和分期执行税费、减少或免除税费），则这些问题按照本法典第358条第2款规定的规则审理。

第364条　遗失执行文件的责任

对遗失法院发出的执行文件并有过错的人，法院有权依照本法典第122条和第123条规定的程序和数额处以诉讼罚金。

（本条由2016年4月5日第103号联邦法律修订）

第九编 最后条款

第三十九章 本法典的生效程序

第365条 本法典的生效程序

本法典的生效程序由联邦法律《〈俄罗斯联邦行政诉讼法典〉施行法》规定。

俄罗斯联邦总统

B·普京

莫斯科,克里姆林宫

2015年3月8日

第21号联邦法律